KB082749

함께 갑시다, 더 나은 세상을 향하여!

나는 착한 기업에서 희망을 본다

나는 착한 기업에서 희망을 본다

초판 1쇄 발행_ 2016년 10월 20일
초판 3쇄 발행_ 2016년 11월 15일

지은이_ 강대성
펴낸이_ 이성수
주간_ 박상두
편집_ 황영선, 이홍우, 박현지
디자인_ 고희민
마케팅_ 이현숙, 이경은
제작_ 박흥준

펴낸곳_ 올림
주소_ 03186 서울시 종로구 새문안로92 광화문오피시아 1810호
등록_ 2000년 3월 30일 제300-2000-192호(구:제20-183호)
전화_ 02-720-3131
팩스_ 02-720-3191
이메일_ pom4u@naver.com
홈페이지_ http://cafe.naver.com/ollimbooks

값_ 13,000원
ISBN 978-89-93027-85-3 03320

이 도서의 국립중앙도서관 출판예정도서목록(CIP)은 서지정보유통지원시스템 홈페이지(http://seoji.nl.go.kr)와 국가자료공동목록시스템(http://www.nl.go.kr/kolisnet)에서 이용하실 수 있습니다.(CIP제어번호 : CIP2016023902)

더 나은 세상을 만드는 사회적기업의 힘

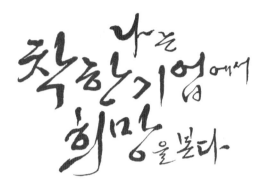

나는 착한기업에서 희망을 본다

강대성

올림

상생 사회를 바라는 사람들의 필독서

인류는 지난 수십 년간 무한경쟁의 거센 파도를 헤치며 살아왔다. 국가도 기업도 개인도 심지어 비영리단체도 이 파도를 피해갈 수 없었다. 경쟁을 하면 동기부여가 되며, 이 힘을 기반으로 혁신과 성장이 가능해져 번영과 행복의 미래로 갈 수 있다는 믿음에 근거한 흐름이었다.

죽기 살기로 경쟁하면 일정 기간 성과가 나는 것은 사실이다. 그러나 장기간에 걸친 무한경쟁은 인간을 피폐하게 만들고 협동심과 팀워크를 깨뜨리게 된다. 승자가 더 가져가고 패자가 덜 가져가는 게임이 지속되면 양극화 현상이 심해질 수밖에 없다. 결국 인간 사회는 '상쟁(相爭) 사회'가 되고 만다. 서로를 경쟁자로만 보고 다투고 헐뜯는 '나쁜' 사회가 된다. 이런 사회에서는 사회 전체의 부가 증가하더라도 구성원들은 행복감을 느낄 수 없다. 다행히 인간은 반성하고 성찰하는 능력을 가지고 있어 이러한 난국을 풀어나가기 위한 여러 대안들을 내놓고 있다. 바로 자본주의 4.0, 동반성장, 경제민주화, 상생자본주의, 공유경제, CSR(Corporate Social Responsibility, 기업의 사회적 책임), CSV(Creating Shared Value, 공유가치 창출) 등이다. 모두가 경제적 가치와 함께 사회적 가치를 추구하는 철학과 방법을 내포하고 있다. 승자만 존중받고 이익만 중시하는 사회는 황폐해진다는 사실을 뼈저리게 깨닫고 나서 새롭게 나타난 흐름이다.

사회적기업은 사회적 가치 실현에 보다 큰 비중을 두고 활동하는 기업이다. 기업의 존립 기반인 경제적 가치를 창출함과 동시에 사회적 가치를 실현함으로써 더 건강하고 행복한 사회를 만들어가는 기업이다. 하지만 우리나라에서 사회적기업의 역사는 얼마 되지 않았다. 일반 대중의 인식도 낮은 편이다. 이러한 초창기에 사회적기업의 경영자로서 끊임없이 고민하고 연구하여 훌륭한 성공 모델을 만들어낸 사람이 있다. 이 책의 저자 강대성 대표다.

나는 강 대표가 경영하는 행복나래에서 강의하고 개인적 만남을 통해 사회적기업에 대한 의견을 교환해왔다. 그때마다 그에게서 사회적기업을 향한 믿음과 열정을 느낄 수 있었다. 그는 사회적기업의 성공은 한 기업의 성공에 그치는 것이 아니라 사회 전체의 상생문화를 꽃피우는 결과로 이어진다는 확고한 믿음을 가지고 개척자의 사명감과 열정을 발휘하여 수많은 난관들을 지혜롭게 극복해왔다.

이 책은 저자의 생생한 경험을 바탕으로 사회적기업의 성공 조건에 대해 살아 있는 조언과 통찰을 전해준다. 사회적기업의 경영자와 직원들은 물론, 일반 기업의 경영자나 정부의 정책 입안자들도 꼭 읽어야 할 책이다. 더 나은 미래 사회를 꿈꾸는 젊은이들에게도 새로운 희망과 용기를 불어넣어줄 것이다.

집필의 노고를 아끼지 않은 저자에게 마음으로부터 존경을 표하며, 이 책이 널리 읽히기를 바란다.

윤은기
한국협업진흥협회 회장·전 중앙공무원교육원 원장

착한 기업이 좋은 사회를 만든다

나는 최근 30여 년의 직장생활을 마무리하고 새로운 인생 2막을 열어가고 있다. 아쉬운 마음도 없지 않지만, 돌이켜보면 참으로 다행스럽고 고마운 시간이었다. 그중에서도 더욱 감사한 점은 사회적기업 '행복나래'의 첫 번째 CEO였다는 사실이다.

일반적으로 기업에 대해서는 2가지 상반된 시각이 존재한다. 일자리를 창출하여 행복한 가정생활을 영위할 수 있게 해주는 곳이라는 긍정적인 시각과, 무절제한 이익을 추구하는 탐욕스러운 존재라는 부정적인 시각이 있다. 우리 사회는 아직 후자 쪽이 더 많은 것 같다. 나는 기업이 선한 존재라고 설득해낼 자신은 없지만, 이 말만은 분명히 할 수 있다.

"선해지기 위해 항상 고민하고 노력하는 기업들이 있다."

바로 사회적기업(Social Enterprise)이다.

행복나래를 경영하면서 많은 사회적기업들을 방문하고 사회적기업가들을 만났다. 그럴 때마다 '이렇게 순수한 열정이 모이면 우리 사회를 더 좋게 바꿀 수 있겠구나' 하는 느낌을 받곤 했다. 아직도 대부분의 사회적기업들이 일반 기업들에 비해 규모도 작고 시설도 부족한 것이 사실이지만, 사회적기업가들의 열정과 잠재 능력에 대해서는 감탄을 하게 된다.

대기업처럼 급여가 많은 것도 아니고 공무원처럼 신분이 안정적이지 않음에도 불구하고 기꺼이 사회적기업에 뛰어들고 있는 젊은이들이 적지 않다. 그들을 보면 처음 직장생활을 시작할 무렵의 내 모습이 오버랩되기도 한다. 나는 그 당시 남들이 선망하는 감사 업무를 마다하고 영업의 길을 선택했다. 영업 현장은 매일매일이 도전의 연속이다. 때로는 문전박대를 당하기도 하고 막막할 때도 많았다. 영업에 대한 사회적 인식이 나아졌다고 하는 요즘도 쉽지 않지만, 그때는 더 그랬다. 내가 주로 상대했던 주유소 소장님들은 처음에는 나를 아예 쳐다보지도 않았다. 그러던 것이 하루가 멀다 하고 찾아가 인사를 하고 일손을 도와주자 조금씩 관심을 보여주기 시작했고, 그러면서 거래처가 하나둘 늘어나 자연스레 실적도 올리고 영업에 대한 자신감도 키울 수 있었다.

사회적기업가의 길로 들어선 분들에게 종종 나의 과거 이야기를 들려주곤 하는데, 그 이유는 하나다. 비록 막막하고 힘들어 보이는 일이라 하더라도 정성을 쏟고 꾸준히 노력을 하면 굳게 닫혔던 문이 활짝 열리는 기쁨을 누릴 수 있다고 믿기 때문이다. 그것이 영업이든 사회적기업이든 공통적으로 통하는 성공의 비밀이니까 말이다.

사회적기업들은 대부분 경영 자원이 턱없이 부족하다. 어디 그뿐인가. 수없이 많은 밤들을 지새워 어렵게 내놓은 제품이나 서비스가 하루아침에 도용당하는 경우가 비일비재하다. 하지만 그것이 시장의 현실이다. 나는 늘 조언한다. 그런 현실에 낙담하거나 불평불만을 늘어놓는 것은 현명한 태도가 아니라고. 시장에서 일어나는 온갖 일에 적응하고 극복해내는 것이 기업가의 운명임을 잘 알기 때문이다. 기업은 가장 적은 비용과 가장 효율적인 방법으로 문제를 해결하여 목표를 달성하는 비즈니스 조직이다. 사회적기업도 다르지 않다. 효율적인 비즈니스 방식으로 사회문제를 해결해나가야 한다.

사회적기업이 돌발적인 변수나 계속해서 변화하는 경영환경에 안정적으로 대응하기 위해서는 사회적 필요를 경제적 수요로 바꿀 수 있는 경영 마인드와 준비가 필요하다. 부족한 자원 문제를 해결하기 위해 다른 사회적기업들과의 협업에도 적극적이어야 한다. 정부나 지자체, 대기업과 대학, 연구소와 같은 다양한 조직이나 단체와의 네트워킹도 필수적이다. 그렇게 해서 사회적기업 스스로 사회문제를 해결하는 가장 현실적이고 효과적인 조직이라는 사실을 대내외적으로 증명해낼 수 있어야 한다.

사회적기업 경영은 충분한 준비 없이는 완주가 불가능한 마라톤 풀코스를 달리는 것 이상으로 길고도 험한 여정이다. 무엇보다 자신만의 페이스를 유지하면서 성장해갈 수 있는 경영 능력을 키우는 일이 중요하다.

이 책에는 행복나래를 경영하면서 체득한 소중한 경험과 교훈이 담겨 있다. 사회적기업에 몸담고 있거나 관심 있는 모든 이에게 조금이나마 도움이 되기를 바란다.

책을 집필할 수 있게 용기를 심어준 서울과학종합대학원의 문달주 교수님과 행복나래의 구성원들에게 감사의 마음을 전한다. 평생 내 곁을 지켜준 아내와 두 아이에게 그동안 하지 못했던 말을 건네고 싶다.

"고맙고 사랑합니다!"

강대성

차례

2장 | 변해야 산다
새로운 경영환경의 물결

3장 | 착한 기업이 세상을 바꾼다
사회적기업의 탄생과 딜레마

4장 | 가치를 경영하라
사회적기업의 성공 조건

1장

영원한 승자는 없다

위기의 기업들

위대한 기업들의 몰락

기업의 부침은 어제오늘의 일이 아니다. 기업의 역사는 흥망의 역사라 해도 과언이 아니다. 변화무쌍한 환경 속에서 수십 년을 한결같이 선도 기업으로 존재한다는 것은 실로 대단한 일이 아닐 수 없다. 미국에서 1917년 이후 70년 동안 시장의 평균성장률을 웃도는 성과를 낸 기업은 딱 두 곳밖에 없다. GE와 코닥이다. 그런데 그중 하나도 결국엔 역사의 뒤안길로 사라지고 말았다.

코닥은 필름 시장의 영원한 강자처럼 군림했던 위대한 기업이었다. 미국의 할리우드 영화산업과도 불가분의 관계를 유지했던 코닥의 위상과 영광은 해마다 아카데미 시상식이 열리는 극장의 이름이 코닥 극장 (Kodak Theatre)인 것에서도 충분히 짐작할 수 있다. 그런 코닥이 거의 유명무실한 존재로 전락해버렸다. 디지털카메라의 급속한 보급 때문이었다. 더욱 놀라운 점은 디지털카메라를 최초로 개발한 곳이 코닥이라는 사실이다. 수십 년간 전 세계 필름과 인화지 시장의 7, 80%를 장악해온 코닥이 변화를 몰랐던 것은 아니다. 코닥은 아날로그에서 디지털로 바뀌는 시장의 흐름을 미리 내다보고 남보다 앞서 디지털카메라를 개발해놓았다. 그런데 대응이 너무 늦었다. 예상보다 시장의 판도 변화가 빨랐던 것이다. 2000년 들어 그동안 사장시켜놓았던 디지털카메라를 가지고 시장에 뛰어들었지만 이미 다른 강자들에 의해 시장이 장악된 뒤였다. 1990년대 말 기업 가치가 300억 달러를 넘어섰던 코닥은 그렇게 급전직하하게 되었고 마지막 한 가닥 희망을 걸었던 중국 시장마저도 아날로그를 건너뛰어 디지털로 급변하는 바람에 참패를 면치 못했다. 결국 코닥은 2012년 1월, 자산 51억 달러, 부채 68억 달러, 기업 가치 1억 5,000만 달러라는 초라한 모습으로 파산보호 신청을 하며 몰락하고 말았다.

미국 최대의 모기지회사였던 패니메이(Fannie Mae)는 또 어떤가. 세계적인 경영사상가 짐 콜린스(Jim Collins)의 명저 《좋은 기업을 넘어 위대한 기업으로(Good to Great)》에서 위대한 기업들 중 하나로 언급되었던 이 회사는 2008년 세계 금융위기를 극복하지 못하고 파산해버렸다. 짐 콜린스가 '담보대출에 관한 한 자본시장의 선두주자'라며 위대한 기업으로 꼽았던 이유는 저소득층도 담보대출을 통해 내 집 마련의 꿈을 실현할 수 있게 되었다는 평가 때문이었다. 가난에서 벗어나기조차 버거운 저소득층에게 내 집을 갖게 해주는 동시에 수익까지 낼 수 있게 해준다는 면에서 패니메이는 정말로 대단해 보였다. 그런 회사가 파산되어 국영화되었다는 소식은 저자인 짐 콜린스는 물론이겠거니와 한 사람의 독자로서도 놀랍고 당황스러운 일이었다.

공룡 기업을 무너뜨린
'이럴 줄 몰랐다'

〈미슐랭 가이드(Guide Michelin)〉라는 이름을 들어보았을 것이다. 요리업계에서는 거의 성서처럼 떠받들어지기도 한다. 〈미슐랭 가이드〉에서 받은 별이 전년보다 하나 줄었다며 자살한 셰프의 이야기가 신문에 실리기도 했다. 원래 〈미슐랭 가이드〉는 프랑스의 타이어회사 미슐랭이 마케팅 프로그램의 일환으로 만든 여행 안내서였다. 자신이 출시한 레이디얼 타이어를 장착한 자동차를 타고 여행하면서 맛있는 음식을 즐기라며 곳곳의 좋은 식당을 소개한 것인데, 물론 그 배경에는 타이어 소모를 촉진시키려는 의도도 숨어 있었다. 미슐랭은 유럽에서 거둔 성공을 발판으로 미국 대륙에 진출하게 된다. 다음은 당시의 상황을 소개한 내용이다.

미국 오하이오주 애크런(Akron)은 한때 세계 타이어의 수도(首都)였다. 파이어스톤, 굿이어 같은 세계 5대 타이어 메이커가 본사를 그곳에 두었다. 애크런의 타이어는 세계 시장을 50년 이상 장악했다. 5개 회사 영업부장들은 금·토요일이면 골프 클럽에서 만나 운동하고 식사했다.

"회사 서열은 매겨져 있었지만 모임만은 가족 같은 분위기였다."

파이어스톤 영업부장 출신의 증언이다. 그들의 주말 파티는 프랑스

미슐랭이 레이디얼 타이어를 개발하면서 막을 내린다. 애크런의 타이어가 2만㎞ 달리면 미슐랭 타이어는 6만 4000㎞를 갔다. 애크런 사람들은 처음에는 "그럴 리가 있나" 하며 신기술을 믿지 않았다. 이어 "그건 돌로 포장된 길이 많은 유럽에나 맞는 타이어"라고 험담했다.

_ 조선일보, '"이럴 줄 몰랐다"로 망한 사람들'(송희영 칼럼), 2013. 10. 5.

그들을 망하게 만든
철 지난 성공 기준

위대한 기업들은 왜 몰락하게 되었을까? 모두가 칭송받을 만한 기업들이었고 더 위대한 기업이 되기 위해 끊임없이 노력하는 경영자와 직원들이 있었을 텐데 왜 그런 일이 일어났을까? 위대한 기업이 되기 위한 조건들이 변화했기 때문일까?

분명한 사실은 절대 무너지지 않을 것 같았던 과거의 성공 기준들이 허물어졌다는 것이다. 그것도 아주 빠른 속도로 말이다. 위대한 기업들이 몰락하게 된 것은 그들이 큰 잘못을 저질렀기 때문이 아니다. 자신들이 거둔 성공에 자만심을 가졌거나 필요한 노력을 덜 했을 수는 있지만, 그것만으로는 그들의 몰락을 제대로 설명할 수 없다. 그보다는 성공의 기준 자체가 변했기 때문이라고 보는 것이 타당하다. 과거에는 통했던 성공 방식이 어느새 먹히지 않게 된 것이다. 나 역시 경영 현장에서 여러 번 절감한 바 있다.

나는 착한 기업에서 희망을 본다

시장에서 조심해야 할 2가지 역풍

몰락한 위대한 기업들의 전철을 밟지 않으려면 과거의 성공 방식에서 탈피하여 새로운 성공 방식을 써야 한다. 가장 먼저 해야 할 일은 변화의 바람을 파악하는 것이다. 바람의 성격이 무엇인지, 어느 방향에서 어떤 속도로 오는지, 얼마나 지속될 것인지를 정확히 알아야 한다. 등 뒤에서 부는 바람이라면 순풍에 돛 단 듯 쉬이 갈 수 있지만, 맞바람이라면 헤쳐나가야 한다. 역풍에 맞서는 일은 힘들고 고되지만 효과적인 대처 방법을 찾아 이겨내야만 한다. 그렇게 하지 않으면 이내 쓰러지고 만다.

지구상에는 편서풍이나 무역풍 등 항상 같은 방향으로 부는 바람들이 있다. 이 바람을 타고 항해하면 시간을 크게 단축할 수 있다. 기업 역시 경영 현장에 불어닥치는 바람의 성질과 방향을 파악하여 유효적절하게 활용할 수 있어야 한다. 그렇다면 현재 불고 있는 바람에는 어떠한 것이 있을까?

기업의 생사를 좌우하는 '그들'

가장 주목해야 할 바람 중의 하나는 소비자들의 목소리가 전에 비해 엄청 커졌다는 사실이다. 과거에는 기업이 시장을 주도했다. 기업이 생산하면 개인이 소비하는 식이었다. 하지만 이제는 아니다. 아무리 영향력이 큰 글로벌 기업 제품이라 해도 소비자가 마음에 들지 않으면 인터넷을 통해 거침없이 불만의 목소리를 쏟아낸다. 이것이 소비자 운동으로 이어지기도 한다. 미국의 시민운동가 랠프 네이더(Ralph Nader)가 소비자 보호 조직을 결성하여 GM 등 대기업 제품의 문제점을 끊임없이 고발하고 있는 것이 대표적이다. 이러한 소비자 운동이 기업의 생사를 좌우할 정도가 되었다. 누군가가 인터넷 게시판에 올린 글 한 줄 때문에 광고 모델이 바뀌기도 하고, 기업 경영자의 잘못된 행동 하나가 소비자의 반발을 불러 전체 매출이 추락하는 일도 심심찮게 일어난다. 스마트폰을 손에 쥔 개개인 모두가 방송사 PD나 신문사 기자와 다름없기 때문이다. 예전에는 기업의 홍보 담당자가 언론사들과 다져놓은 관계를 이용하여 불만의 목소리를 어느 정도 컨트롤할 수 있었지만, 지금은 그런 시도조차 금세 알려지고 소비자들의 화를 더 키우는 악수(惡手)가 되고 만다.

중국의 경우에는 소비자들의 목소리가 한꺼번에 터져나오는 날이 있다. '소비자의 날'인 3월 15일이다. 이날은 그동안 쌓인 소비자들의 불만

나는 착한 기업에서 희망을 본다

이 일시에 쏟아지기 때문에 중국 시장에 진출한 모든 기업이 긴장하며 '제발 무사히 지나가라. 3월 15일이여'라고 간절하게 기도하기도 한다. 중국 정부나 언론들도 이날 하루만큼은 일방적이라 할 정도로 소비자들의 편을 들어준다.

3월 15일에 소비자들의 거센 항의를 받고 초토화되다시피 한 기업이 적지 않다. 일례로 HP를 들 수 있다. 프린터 케이블의 접촉 불량 문제가 중국 대학생들의 지저분한 생활습관 때문이라고 말한 HP의 중국 법인장은 TV에 불려나와 집중포화를 맞고 납작 엎드려 사죄하고 문제가 된 제품들을 모두 리콜해야 했다. 우리나라 기업들도 예외가 아니었다. 2011년 한국타이어가 생산한 중대형 트럭/버스용 타이어에 대해 공산품 품질을 관리감독하는 정부기관이 문제를 제기하면서 소비자들의 거센 비난을 받은 것이 한 예다.

이와 같은 3월 15일의 격렬한 모습은 한편으로 중국 시장에서 기업이 차지하고 있는 위상을 말해주기도 한다. 과거에 우리나라가 그랬던 것처럼 아직은 시장이 공급자 위주로 돌아가고 있는 것이다. 소비자들이 필요로 하는 재화나 서비스의 공급자가 하나 혹은 소수만 존재하는 시장에서는 공급자의 힘이 강하게 마련이다. 예를 들어 국내 치약 시장에 페리오가 등장할 때까지 럭키라는 브랜드가 절대 권력을 행사했던 것처럼 말이다. 럭키치약 말고는 대안이 없었기 때문에 소비자들은 럭키가 가격을 올려도 수용할 수밖에 없었다. 이런 상황에서는 잠잠했던 불만의 목소리가 한꺼번에, 격렬하게 터져나오게 된다.

　　소비자의 목소리가 커진 것 말고도 주목해야 할 바람이 있다. 어느 날 갑자기 강력한 경쟁자가 나타나는 것이다. 국제 원유 시장에 진출한 셰일가스가 그런 경우다. 미국이 셰일가스를 본격적으로 생산하기 시작하면서 원유가가 급락하는 사태가 벌어졌다. 전에는 상상도 할 수 없는 일이다. 지금까지 사람들은 '석유값은 오르는 것'이라는 공식에 익숙해져 있었다. 충격적이었던 1970년대의 1, 2차 석유파동을 생각해보라. 당시 중동의 산유국 모임인 석유수출기구(OPEC)의 힘은 가히 무소불위였다. 미국 대통령보다 무서운 사람이 OPEC 의장 아메드 자키 야마니(Shaikh Ahmed Zaki Yamani)라는 우스갯소리가 나돌 정도였다. 그만큼 산유국들의 입김이 대단했다. 다른 나라들은 그들의 눈치를 살피기에 급급했다. 생산량을 줄이거나 가격을 올려도 항의 한 번 하기가 어려웠다. 그러던 원유 시장 구도가 미국 셰일가스의 등장으로 급격하게 흔들리게 되었다. OPEC이 좌지우지하던 시장이 강력한 경쟁자의 출현으로 요동을 치기 시작했다. 그 덕분에 기름값은 항상 오르기만 하는 줄 알았는데 이제는 떨어지는 재미로 운전한다는 사람들도 생겨났다.

　어느 산업을 막론하고 한두 기업이 시장을 독점하던 시대는 지나갔다. 하루가 멀다 하고 새로운 경쟁자들이 나타나 각축전을 벌여야 하는 시대다. 설사 어느 정도의 독점적 지위를 확보했다 해도 커진 소비자들의 목소리를 외면할 수는 없는 환경이다. '경쟁'과 '소비자'라는 키워드를 항상 의식하지 않으면 살아남기 힘든 경영환경이 된 것이다.

인터넷 커뮤니티 서비스 분야에서 엄청난 돌풍을 일으켰던 싸이월드의 창업자 이동형은 "우리 서비스는 아직 경쟁자가 없다"라고 말하는 벤처사업가들에게 "그렇다면 못 찾았거나 아직 시장이 없는 것이다"라고 잘라 말한다. 경쟁과 시장에 대한 명쾌한 통찰이다.

어제는 승자, 오늘은 패자

스웨덴 출신의 팝그룹 아바(Abba)의 노래 중에 '더 위너 테이크스 잇
올(The Winner Takes It All)'이 있다. '승자가 모든 것을 갖는다'는 뜻이다.
시장도 그렇다. 선두 기업이 매출과 이익을 독차지하는 경우가 많다. 경
쟁이 치열하지만 승리하면 거의 모든 것을 가져가게 된다. 애플이 대표
적인 예다. 안드로이드폰과 함께 스마트폰 시장을 양분하고 있는 애플
은 2014년 전 세계 스마트폰 시장의 영업이익 가운데 84%를 차지했다.
애플 전문 IT 매체 애플인사이더(Appleinsider)와 전자제품 전문 웹사이
트 기즈모도 재팬 등의 외신이 보도한 2015년 3분기의 실적은 더욱 놀
라운데, 무려 95%의 영업이익을 가져갔다고 한다. 그에 비해 애플의 경
쟁자로 평가받는 삼성전자의 영업이익은 14.5%에 불과하다. 참고로 두
회사의 영업이익의 합이 100%가 넘는 이유는 적자를 보는 기업들 때문
이다.

나는 착한 기업에서 희망을 본다

선두 기업이 매출과 이익 모두에서 놀라운 성과를 거두는 이유는 강력한 브랜드 인지도 때문이다. 애플은 창의와 혁신이라는 기업 고유의 이미지에다 스티브 잡스 등에 얽힌 흥미로운 스토리와 세상의 이목을 끄는 색다른 마케팅 전략으로 전 세계에 걸쳐 깊고 두터운 팬층을 확보했다. 하지만 시장을 선도하는 기업도 언제 어떻게 될지는 아무도 모르는 일이다.

잘나가던 그 기업은
어디로 갔을까?

앞에서 위대한 기업들의 몰락을 이야기했지만, 이제는 어느 기업도 생존을 장담할 수 없는 상태에 놓여 있다. 갑자기 나타난 경쟁자에게 시장을 빼앗겨 밀려나거나 아예 역사 속으로 사라지기도 하고, 어제의 승자가 오늘의 패자가 되기도 한다. 모든 것을 다 가진 것처럼 보이던 기업이 초라한 몰골로 연명하는 신세로 전락하는 경우도 적지 않다. 이와 더불어 전체 기업들의 수명도 점점 짧아지고 있다.

1990년 〈포춘〉이 선정한 '500대 기업' 중에서 20년 후인 2010년까지 자리를 유지한 경우는 약 24%에 불과했다. 상위 100대 기업은 그나마 사정이 나아서 29% 정도의 유지율을 보였다고 한다. 같은 기간 우리나라에서는 상위 100대 기업 가운데 자리를 유지한 비율이 30% 정도였다. 대마불사(大馬不死), 즉 '대기업은 망하지 않는다'는 통념이 사실이 아님을 보여준다.

1987년 〈포브스〉 창간 70주년 기념호에 흥미로운 기사가 실렸다. 미국의 주요 기업들이 70년간 어떤 변화를 겪었는지에 대한 내용인데, 〈포브스〉가 창간된 1917년 당시의 주요 100대 기업 가운데 61개는 이미 사라지고 없었다. 변화의 소용돌이에서 살아남기도 이렇게 어려운데 승자의 자리를 지킨다는 것이 얼마나 어려운 일인가를 새삼 절감하게 된다.

급속한 기술 발달 등으로 일어나는 시장의 변화는 그야말로 잔인할 정도다. 이러한 변화는 과거의 찬란한 승자라고 해서 비켜가지 않으며, 요즘 사람들이 환호하는 브랜드라고 해서 건너뛰지도 않는다.

노키아와 소니의 교훈

노키아는 1865년 핀란드의 작은 제재소로 출발했다. 이후 노키아가 걸어온 길은 그 자체가 변화의 역사라고 할 수 있을 정도로 노키아는 변신을 거듭했다. 창업 100주년 무렵 타이어와 고무 분야에 진출했고, 1975년부터는 회사의 주력 사업을 전자 분야로 정하고 과감한 사업 구조조정을 단행했다. 1992년 CEO로 취임한 요르마 올릴라(Jorma Jaakko Ollila)는 휴대전화사업에만 전념하겠다는 의지로 회사의 모태였던 제지사업을 비롯한 기타 사업들을 정리하며 과감한 혁신에 나섰다. 그 결과, 노키아는 전 세계 피처폰 시장의 절대 강자로 우뚝 설 수 있었다. 그 핵심에 유명한 '노키아 1100 시리즈'가 있었다.

나는 착한 기업에서 희망을 본다

≫― 피처폰 시장의 절대 강자였던 노키아 1100

　노키아 1100 시리즈는 내게도 참 깊은 인상으로 남아 있는 제품이다. 사용자의 현실을 아주 섬세하게 배려하고 있다는 느낌을 주었기 때문이다. 전기와 통신 시설이 부족한 지역의 고객을 위해 휴대전화에 라디오 기능을 추가하고, 가난한 나라의 사람들이 저마다 휴대폰을 보유하기 어려운 사정을 감안하여 한 대의 휴대폰으로 여러 사람이 함께 사용할 수 있도록 설계했다. 덕분에 휴대폰 하나로 주민 모두가 사용하는 마을도 있었다. 노키아의 배려는 이뿐만이 아니었다. 글자를 모르는 사용자도 사용할 수 있게끔 시각적으로 제품을 디자인했다. 그야말로 '배려 돋는' 제품이 아닐 수 없다. 당연히 호응이 좋아 노키아 1100 시리즈는 일약 세계 시장을 주름잡는 메가 히트 상품이 되었다. 출시 후 5년 동안 약 2억 5,000만 대를 판매함으로써 가장 히트한 전자제품으로 꼽히는 닌텐도 Wii(4,500만 대)나 소니의 플레이스테이션 2(1억 2,500만 대)

는 물론이고 애플의 아이팟(1억 7,000만 대)보다도 훨씬 많은 판매량을 기록했다.

하지만 노키아는 눈부신 승리에 빠져 자만하지 않고 시장의 변화를 주시하면서 스마트폰 시대의 도래를 누구보다 앞서 예견하고 준비했다. 1996년 '노키아 커뮤니케이터'라는 터치 기반 스마트폰을 출시했다. 하지만 타이밍이 좋지 않았다. 시장이 채 열리기 전이었던 것이다. 노키아는 도로 피처폰 시장에 집중하다가 그만 결정적인 시기를 놓치고 만다. 스마트폰 시장이 폭발적으로 성장하던 시기에 흐름을 타지 못한 것이다. 어느새 비대해진 조직과 느린 의사결정으로 활력이 떨어진 노키아는 결국 애플이 열어젖힌 스마트폰 시장에 참여하지 못하고 2007년을 정점으로 하락세를 보이기 시작하여 경쟁에서 도태되는 신세가 되고 말았다(김범열, '시장을 선도하던 기업이 무너지는 이유', LG경제연구원, 2013. 5. 21).

일본이 자랑하던 소니(SONY)도 노키아의 운명과 궤를 같이했다. TV와 워크맨의 성공 이후 새로운 성장 동력을 확보하는 데 실패하여 2000년 3월 30,000엔이던 주가가 2011년 5월에는 2,315엔으로 추락했다. 소니가 변신을 위한 노력을 기울이지 않았던 것은 아니다. 혼다(HONDA)가 신규 핵심 사업으로 휴머노이드 로봇을 개발하여 시장에서 호평을 받자, 1999년 강아지 로봇 시장에 전격 진출하게 된다. 아이보(AIBO)라는 이름의 강아지 로봇은 20만 엔의 가격으로 시장에서 매우 인기 있는 상품으로 떠올랐다. 그러나 이후 '아이보 빈사설'이 제기될 정도로 로봇의 작동에 여러 문제점이 노출되면서 판매된 21만 대의 로봇 중

8만 대를 리콜하는 상황에 처했고, 급기야 2006년 생산을 중단하게 되었다. 자사의 핵심 역량에 집중하지 못한 결과였다.

지금 우리는 생존을 먼저 생각해야 하는 절박하고 냉정한 경영 현실을 마주하고 있다. 기업의 규모가 크다고 해서 안심할 수 없고, 매출액이 지속적으로 상승한다고 해서 좋아만 할 수 없고, 시장점유율이 높다고 해서 안주할 수도 없는 상황이다. 승자가 모든 것을 가져가는 세상이지만, 언제 어디서 어떤 위기가 닥쳐 기업의 생존을 위태롭게 할지 알 수 없기 때문이다.

미국의 네트워크통신회사인 시스코시스템스를 20년간 이끌어오다 2015년 5월에 물러난 존 체임버스(John Chambers) 사장은 "10년 안에 현존하는 기업의 40%가 사라질 것이다. 순식간에 일어나는 시장 변화를 포착하여 빠르게 혁신하고 사업을 재발견해야 생존 가능하다"는 말을 남겼다. 급변하는 환경 속에서 기업의 지속가능성 확보가 얼마나 어려운지를 짐작케 한다.

주식회사가 빠지기 쉬운 함정

　우리가 회사 또는 기업이라고 부르는 조직은 대부분 '주식회사(株式會社, company limited by shares)'다. 주주가 주인으로서 경영 전반에 강한 영향력을 행사한다.

　기업의 존재 이유에 대해서는 견해가 분분하지만, 주주 이익을 중요시한다는 점에는 이견이 없는 것 같다. 주주는 자신의 이익을 실현하기 위해 기업에 돈을 투자하고 그에 해당하는 지분을 갖는다. 경영 활동을 통해 벌어들인 이익에 대해 자신의 지분만큼 요구할 권리가 있다. 문제는 '적정 범위'를 넘어설 때 발생한다. 주주의 지나친 이익 배분 요구는 기업에 위기의 씨앗을 뿌리는 것과 같다.

　　　　　　　　　　　　　　　　나는 착한 기업에서 희망을 본다

도를 넘어선
주주들의 배 불리기

2008년 금융위기 때 무너진 패니메이의 패인을 놓고 몇 가지 해석이 있는데, 나는 그중에서도 "주주들의 배를 불리기 위해 기록적인 주가 상승을 이어갔다"는 어느 애널리스트의 말에 한 표를 주고 싶다. 만약 패니메이가 주택 시장에 유동성을 공급한다는 본래의 목적에만 충실했더라면 시장에 잔뜩 끼어 있는 거품을 잡기 위해 서브프라임 모기지 시장에 진출하지 않았을 것이다. 주택담보 리스크를 정확히 평가해낸다고 칭송받던 패니메이의 시스템이 둔해지기 시작한 것도 그 무렵이라고 한다. 위험을 너무 가볍게 평가했고, 시장의 과열이 장기간 지속될 것으로 착각했다. 위대했던 기업 패니메이는 그렇게 해서 594억 달러라는 막대한 적자를 내고 구제금융을 받는 처지가 되었다.

주주들의 투자를 받아 이익을 실현하는 주식회사는 그 자체로는 아무 문제가 없다. 문제는 이익을 과도하게 추구하는 탐욕이다. 탐욕이 회사를 망쳐놓는다. 욕심은 건강한 결과를 낳지만, 탐욕은 그것을 해치기 때문이다.

자본주의 시장의 적들

아예 주주가치의 극대화를 명분으로 내세워 세계의 기업들을 괴롭히는 세력들도 있다. 공격 대상 기업의 지분을 인수하고 경영에 개입하여 주식가치 상승을 꾀하는 이들을 일컬어 '기업 사냥꾼(raiders)'이라고 하는데, 짐승의 시체를 파먹는 독수리 같다고 해서 '벌처(vulture) 펀드'라고 불리기도 한다. 요즘에는 '행동주의 헤지펀드(Activist Hedge fund)'라고 불리고 있다. SK그룹을 공격한 소버린이나 삼성SDS와 삼성물산의 합병을 반대하고 나선 엘리엇 매니지먼트가 그런 세력들이다. 이들은 먹잇감이 될 만한 기업들을 공격하여 단기간에 막대한 이익을 챙기고 떠나기를 반복해왔다. 예전에는 주로 규모가 작은 기업이나 금융시스템이 허술한 국가들을 공격했는데, 이제는 마이크로소프트나 P&G 같은 대기업은 물론 이베이나 야후 같은 상장 IT기업들도 공격 대상으로 삼고 있다. 〈이코노미스트〉에 따르면, 다우케미칼이나 펩시, 모토롤라 등 S&P 500대 기업의 15%가량을 공격했다고 한다. 엘리엇 매니지먼트는 천문학적인 현금 보유액을 자랑하는 애플에 '현금 배당'을 요구하며 압력을 행사하기도 했다. 법과 제도를 교묘히 활용하는 이들의 집요한 공세에 세계 유수의 기업들이 쩔쩔매고 있다.

기업 사냥꾼들의 무리한 이익 추구는 견제되어 마땅하다. 이들의 행태가 사적 이익을 자유롭게 추구할 수 있다는 자본주의 원리에 어긋나는 것은 아니지만, 기업의 정상적 경영 활동을 방해하면서까지 주주가치의 극대화를 노리는 행위는 세계 금융위기에서 확인한 것처럼 자본주의 시장 전체를 위태롭게 하기 때문이다. 자유민주주의가 허용하는 자유가 자유민주주의 자체를 파괴할 자유까지 의미하는 것은 아니며, 그러한 자유는 제한되어야 하는 것과 같은 이치다.

살아남은 기업들의 공통점

거센 변화의 물결에 휩쓸려 시장에서 사라지는 기업들이 있는가 하면, 변화된 환경에 잘 대처하여 꿋꿋하게 생명을 이어가는 기업들도 있다. 강한 생존력을 가진 기업들이다. 무엇이 그들을 온갖 변수와 쟁쟁한 경쟁자로 들끓는 어려운 시장환경에서 살아남게 만들었을까? 내가 살펴본 바로는 다음과 같은 몇 가지 특징이 있다.

'생존 부등식'을 사수하라

생명력이 강한 기업들을 연구해보면 몇 가지 공통점들이 발견되는데, 그중 하나는 '생존 부등식'에 충실했다는 점이다.

가치(Value) 〉 가격(Price) 〉 비용(Cost)

고객이 제품이나 서비스를 통해 체감하는 가치(Value)는 고객이 지불한 가격(Price)보다 커야 하고, 가격은 기업이 들인 비용(Cost)보다 커야 한다는 것이다. 이 공식은 기업이 망하려고 작정하지 않은 이상 반드시 지켜야 할 절대 기준이다. 시장이 없어지지 않는 한 먼 미래에도 결코 바뀌지 않을 공식이다.

그런데 이 절대 공식에 둔감한 사회적기업가들을 적잖이 만나게 된다. 그럴 때마다 당혹스럽고 안타까운 마음이 든다. 제아무리 선한 목적을 가진 사회적기업이라 해도 영리를 추구하는 기업으로서의 본질은 같기 때문이다. 그것을 소홀히 하거나 외면하는 기업은 지속가능성을 확보할 수 없다. 문을 닫을 수밖에 없다. 기부를 받아서 기업을 운영할 수는 없는 노릇이다. 생존 부등식에 충실하여 고객에게 가격보다 큰 가치를 제공함으로써 이익을 내야 한다. 이는 모든 기업의 생존 조건이다. 다만, 사회적기업은 일반 기업과 달리 영리를 추구하는 방법에서 사회적 가치를 중시한다는 차이가 있을 뿐이다. 그런데도 영리 추구를 거론하는 것을 어색해하는 사회적기업가들이 있다. 기업가의 자세가 아니다. 생존하고 싶다면 하루빨리 바꾸어야 한다.

'기업가 정신'이 답이다

경제학자들은 흔히 노동, 자본 그리고

기술이라는 3요소가 어느 정도 축적되고 나서야 본격적인 성장이 가능하다고 말한다. 하지만 우리나라의 경제 발전을 설명하기에는 적합하지 않은 이야기다. 현실과 동떨어진 이론이라는 비판이 그래서 나왔다. 전통주의 경제학과 현실의 괴리 현상에 대해 미국의 경제학자 에드먼드 펠프스(Edmund S. Phelps)는 '기업가 정신이 답'이라는 설명을 내놓았다. 여기서 기업가(企業家, entrepreneur)는 최고경영자(CEO)나 오너 경영자만 의미하는 것이 아니다. 기회를 포착하고 불확실성이라는 위험을 기꺼이 감수하며 과감한 행동에 나서는 사람이나 조직은 모두가 기업가이기 때문이다.

기업가 정신을 가진 사람은 자신이 속한 조직에 활력을 불어넣음으로써 크고도 빠른 변화의 와중에서도 생존할 수 있게 만든다. 위기와 경쟁의 파고 속에서도 끝까지 살아남은 기업들에는 언제나 기업가 정신이 살아 숨 쉬고 있었다.

'본질'을 경영하라

프랑스 파리는 전 세계에서 가장 많은 관광객이 찾는 도시 중 하나다. 무엇보다 명소가 많아서인데, 그중에서도 손꼽히는 곳이 판테온(Pantheon)이다. 자크 제르맹 수플로(Jacques-Germain Soufflot)가 설계한 이 거대한 건축물은 원래 루이 15세가 병이 나은 것을 신에게 감사드리기 위해 지은 교회에서 시작되었다고 한다. 그러나 여러 가지 문제로 공사가 지연되다가 프랑스대혁명이 일어나던

>>>- 건축의 본질을 구현한 파리 판테온

해에야 완공되었다.

수플로는 건축가였지만 다양한 전문가들과의 활발한 교류를 통해 쌓은 지식을 바탕으로 물리학과 기술공학 등에도 정통했다고 한다. 그는 자신이 축적한 지식과 남다른 믿음을 건축에 녹여내기로 하고, 3개의 독립 원형 기둥만으로 직경이 21미터나 되는 거대한 돔을 지탱하는 파격적인 설계로 판테온의 공사를 밀어붙였다. 당시의 건축 사조를 지배하고 있던 바로크 양식이 벽체를 통해 돔이나 건물의 하중을 나누어 받치고 있던 것과는 다른 설계라서 대부분의 건축가들이 구조적으로 불가능한 설계라 건물이 무너질 것이라며 강하게 반발했지만, 원형 기둥 사이에 삼각형 모양의 벽체를 쌓고 기둥 안에도 철물을 보강하는

　　　　　　　　　　　　　나는 착한 기업에서 희망을 본다

타협안을 제시하여 건물을 완성시킬 수 있었다.

수플로와 같은 구조합리주의 건축가들이 독립 원형 기둥에 집착한 이유는 건축을 통해 기독교의 섭리를 드러내고자 했기 때문이다. 핵심적이고 본래적인 요소인 기둥과 지붕, 벽과 보만으로도 건축이 가능하다고 믿었고, 그렇게 함으로써 순결했던 초기의 신앙으로 돌아가고자 하는 마음을 표현했다. 그래서 바로크의 현란한 장식과 기교적 요소를 최대한 배제하고 건축의 본질적 요소만으로 판테온을 짓기로 했던 것이다. 그런 면에서 판테온은 건축의 본질에 충실한 예술작품이라고 할 수 있다.

판테온이 루이 16세가 단두대의 이슬로 사라진 해에 완공된 것은 한 시대의 종말과 새로운 시작을 상징한다는 면에서 묘한 대비를 이룬다. "짐이 곧 국가다"라고 말한 루이 14세 이후 프랑스 왕실은 귀족적인 화려함에 경도되었고, 그것이 바로크 양식으로 표현되었다 해도 과언이 아니다. 대중의 배고픔과 변화에 대한 갈망에는 아랑곳하지 않은 채 화려함만을 좇던 비뚤어진 모습은 왜 바로크가 '찌그러진 진주'였는지를 잘 설명해준다. 그렇게 프랑스 왕실은 대혁명이라는 거대한 변혁의 물살에 힘없이 무너지고 그 자리에 판테온이 우뚝 서게 되었다.

프랑스 왕실과 판테온의 대비되는 모습은 오늘의 경영 현장에도 시사하는 바가 크다. 거대한 변화의 물결 속에서 살아남기 위해서는 본질과 장식을 구분하는 냉정한 판단력과 핵심에 집중하는 자세가 결정적이라는 사실이다. 건축의 본질에 충실했던 판테온이 여전히 건재한 것처럼 말이다. 비유하자면 직경 21미터의 거대한 돔은 기업이고 기둥은 기업을 지탱하는 핵심 경쟁력(본질)이다. 변화와 위기의 시기에는 기업의 핵심 경쟁력을 정확히 판단하여 이에 집중하고, 본질이 아닌 요소들은 과감히 쳐내는 용기가 필요하다. 설사 수익이 나는 사업부라 해도 핵심 경쟁력이 아니라면 과감한 매각 등을 통해 선제적으로 구조조정을 단행할 수 있어야 한다.

두산그룹은 나라 전체가 흔들리던 IMF 외환위기를 앞두고 캐시카우(cash cow)였던 사업부를 매각하고 중공업 분야에 집중함으로써 절체절명의 위기를 성장의 기회로 만들 수 있었다. 요즘 성장가도를 달리고 있는 아모레퍼시픽 또한 증권, 패션, 프로야구단 등의 비주력 사업부를 모두 정리하고 화장품사업에 올인함으로써 글로벌 기업으로 올라서게 되었다.

'스토리'를 전파하라

영국 런던의 킹스크로스역에 가면 플랫폼도 아닌 곳에서 길게 늘어선 사람들을 볼 수 있다. 기차를 타려는 것이 아니다. 사진을 찍으려는 행렬이다. 바로 그 유명한 판타지 소설 《해리포터》 때문이다. 주인공인 해리포터가 마법학교에 입학하기 위해 호그와트행 기차를 타는 그곳이 바로 킹스크로스역이기 때문이다. 프랑스로 가는 기차 유로스타를 탈 수 있는 판크로스역이 바로 옆에 있지만 사진을 찍고 가려는 사람들로 킹스크로스역은 언제나 붐빈다. 휴가가 몰리는 여름 시즌에는 30분씩 기다려야 할 정도라고 한다.

이것이 바로 스토리텔링의 힘이다. 브램 스토커(Bram Stoker)의 소설 《드라큘라》 때문에 루마니아의 외딴 시골에 있는 작은 성이 방문객들의 입장료만으로 웬만한 중소기업 부럽지 않은 수입을 올리고 있다는 이야기는 잘 알려져 있다. 끝난 지 10년도 더 된 드라마 〈겨울연가〉 덕에 남이섬에는 아직도 일본인 관광객의 발길이 끊이질 않고, 〈별에서 온 그대〉라는 드라마 한 편이 중국 대륙을 '치맥' 열풍에 빠뜨려놓았다. 명물이던 오징어가 잡히지 않아 쇠락해가던 작은 도시 묵호는 항구 근처 산비탈의 낡은 집들에 그려놓은 벽화와 등대가 유명해져 관광객들로 붐비고 있다.

잘 만들어진 스토리 하나가 세계적인 명소를 만들고 지역을 먹여 살리는 시대다. 기업 경영에서도 스토리텔링은 생존과 성공을 위해 잊어서는 안 되는 핵심 키워드다. 이와 관련한 좋은 사례가 있다. '만져서 시간을 알 수 있는 시계'라는 독특한 콘셉트로 유명해진 '브래들리(Bradley) 시계'다.

이원(Eone)의 김형수 사장은 MIT 유학 시절 만난 시각장애인 친구를 보고 이 시계를 착안했다고 한다. 말하는 시계를 차면 수업 중인 친구들에게 폐를 끼칠까 봐 불편해하던 친구를 위해 시각장애인용 시계를 만들기로 결심했던 것이다. 그는 필요한 자금을 마련하기 위해 크라우드펀딩 사이트인 킥스타터(www.kickstarter.com)를 이용하기로 했다. 독특하고 색다른 디자인이나 첨단기술 제품을 선호하는 얼리어답터형 고객들이 많은 것으로 유명한 킥스타터에서 브래들리 홍보를 위해 그가 선택한 방법은 스토리텔링이었다. 군대에서 시력을 잃었지만 패럴림픽에서 금메달리스트가 된 미 해군 장교 브래들리 스나이더(Bradley Sny-der)의 인터뷰와 스토리를 중심으로 6분 분량의 영상을 제작했다. 이것이 사이트에서 큰 반향을 일으켜 펀딩에 성공하고 마침내 제품을 출시할 수 있었고, '만져서 시간을 안다'는 독특한 콘셉트와 젊은이들에게 어필하는 디자인으로 큰 성과를 거둘 수 있었다.

'공감'을 일으켜라

브래들리의 성공을 스토리텔링의 힘으로 설명할 수 있다면, 디자인 스타트업 리니어블(Lineable)의 성공은 공감의 힘으로 설명할 수 있을 것이다. 리니어블의 미아 방지용 손목 밴

〉〉- 공감의 힘을 보여준 리니어블

나는 착한 기업에서 희망을 본다

드는 아이가 부모 곁에서 일정 거리 이상 떨어지게 되면 알람이 울린다. 특이한 점은 리니어블 애플리케이션을 깔아놓은 사람들이 주변에 많을수록 아이의 위치를 더욱 정확하게 알 수 있게 설계되어 있다는 것이다. 이 제품은 아이를 잃어버린 부모의 안타까운 마음과 참여자가 많을수록 아이를 더 쉽게 찾을 수 있다는 기능에 공감한 사람들의 호응으로 시장에서 상당한 반향을 불러일으켰다.

사람들의 공감을 이끌어낼 수 있으면 큰돈 들여 대대적인 마케팅을 하지 않아도 시장에서 기대 이상의 성공을 거둘 수 있다. 공감은 사람을 마케팅 대상이 아니라 서포터로 변화시키는 마법을 보여주기 때문이다. 그런 면에서 공감은 반드시 주목해야 할 생존 비결이라고 할 수 있다.

'판소리 경영'을 하라

세계적인 한류 열풍으로 문화 강국의 위치에 올라선 우리나라에서는 오케스트라나 판소리 공연 등을 수시로 접할 수 있다. 그런데 오케스트라를 감상할 때는 엄숙한 분위기 속에서 숨소리도 제대로 내지 못한 채 지휘자의 손놀림과 연주자들의 악기가 만들어내는 화음에 귀를 기울여야 한다. 판소리는 다르다. 명창과 고수 그리고 관객들이 함께 어우러져 신명 나는 모습을 연출한다.

기업 경영도 판소리 공연과 같아야 한다. 기업의 이해관계자들(주주, 직원, 소비자, 사회 등)을 세심히 살펴 모두가 기꺼이 참여하고 노력의 결실을 나누어 행복을 극대화할 수 있게 만들어야 한다. 지휘자와 청중이 분리된 오케스트라 경영보다 참여한 모든 사람들이 어울려 흥을 발산하는 판소리 경영이 더 큰 성과를 거둔다.

문제는 '창조적'으로 해결된다

거대한 변화의 소용돌이에서 생존 가능한 비결을 찾는 현실적인 방법 가운데 하나는 과거의 사례를 참조하는 것이다. 예를 들어 경제 불황에 효과적으로 대응할 수 있는 비결은 과거 일본이 겪었던 '잃어버린 20년'을 연구하여 알아낼 수 있다. 그런데 과연 20년간의 길고 긴 불황의 터널을 슬기롭게 통과한 기업이 있을까? 1, 2년도 아닌 무려 20년인데 말이다. 2009년 일본의 신용정보회사 도쿄쇼코리서치에서 발표한 자료에 따르면, 일본에서 사상 최악의 불황이라 일컫는 1991년부터 2012년까지 해마다 10% 이상 매출 신장을 일궈 낸 기업들이 있었다. 시장점유율 등의 기준에 비추어 총 47개 기업이 공개되었는데, 장기간의 불황을 무색케 한 초우량 기업이라 해도 과언이 아니다. 이 기업들을 연구한 결과, 불황을 이기는 해법은 다름 아닌 '창조적 문제 해결'이었다.

일례로 카오(KAO)를 들 수 있는데, 우리나라의 LG생활건강이나 애경과 유사한 생활용품기업으로 잃어버린 20년 동안 매해 두 자릿수 이상의 성장을 기록하여 업계의 선도 기업으로 올라선 기적의 주인공이다. 놀라운 성장 비결에 대해 KAO는 "창조 프로세스에 있다"고 설명한다. 소비자들의 목소리를 가감 없이 폭넓게 수집하고, 그것을 회사의

나는 착한 기업에서 희망을 본다

모든 구성원과 공유하고, 함께 머리를 맞대고 논의하는 과정에서 창조적인 아이디어가 나온다는 것이다. 그런 아이디어들을 지속적으로 경영에 반영함으로써 KAO는 장기 불황의 와중에서 생존했을 뿐만 아니라 업계의 선두 자리를 차지할 수 있었다. '위기(危機)는 위험한 기회'라는 말을 실현한 것이다.

전성철 IGM 세계경영연구원 회장은 "경영의 본질은 문제를 해결하는 과정에 있다"고 말하면서 일본의 20년 불황과 같은 심각한 위기를 극복해낸 기업들이 공통적으로 보여준 것도 '창조적 관점'이었다고 덧붙였다. 장기적이든 단기적이든 위기는 언제든 찾아올 수 있다. 과거에 얽매이지 않는 새로운 문제 해결법만이 이러한 위기를 넘어 생존과 성공의 영역으로 진입할 수 있게 해준다.

2장

변해야 산다
새로운 경영환경의 물결

변화의 방향을 읽어라

　앞으로는 어떤 변화의 물결이 우리의 경영환경에 영향을 미치게 될까? 이에 대해 다양한 예측과 전망이 나오고 있지만, 내가 생각하기에는 참고자료 정도로만 활용하는 편이 나을 것 같다. 전적으로 신뢰하기에는 변수도 많고 위험성도 크기 때문이다.

　재직 당시 철혈 수상으로 불렸던 영국의 마거릿 대처는 교육부 장관 시절인 1973년, "내 생전에 영국에서 여성 수상이 나오는 일은 없을 것"이라고 호언장담했다. 본인 스스로도 수상이 되리라고는 전혀 예측하지 못했던 모양이다. 하지만 하나님도 못 고친다는 만성적인 영국병을 치료함으로써 기울어가던 나라를 다시금 일으켜 세운 장본인으로 역사에 이름을 남기게 되었다. 여기서 중요한 점은 변화를 예측하기보다 변화에 대처하여 전진하는 것이 더 중요하다는 사실이다.

〈조선일보〉는 '세계 경제 덮치는 4가지 변화의 물결'(2015. 6. 13)이라는 제하의 기사에서 리처드 돕스(Richard Dobbs) 맥킨지 글로벌 인스티튜트 이사 등 3인의 인터뷰를 소개하면서 미래의 세계 경제를 덮치는 변화 요인으로 다음의 4가지를 꼽았다.

첫째, 전 세계 GDP의 절반가량이 신흥국가 440개 도시에서 나온다.

둘째, 기술 변화의 속도가 점차 빨라진다.

셋째, 인구노령화 현상이 점차 심화된다.

넷째, 국가 간 이동이 가속, 세상의 상호 연관성이 커진다.

주목해야 할 첫 번째 거대한 변화는 경제 활동의 중심부가 신흥국의 도시들로 옮아간다는 것이다. 2010년부터 2025년까지 전 세계 GDP(국내총생산)의 절반가량이 신흥국의 도시 440곳에서 나온다고 한다. 일례로 중국 톈진의 GDP는 2015년 현재 스웨덴의 수도 스톡홀름과 비슷한 수준이지만 2025년에는 스웨덴 전체와 맞먹는 규모가 될 것으로 보인다.

둘째는 IT 기술 발달과 SNS 보급 등으로 인한 변화다. 스마트폰이 급속하게 대중화되면서 이제는 세계 어느 곳을 가도 공통의 관심사가 거의 동시적으로 사람들의 화제에 오르게 되었다. 예를 들어 루게릭 환자의 고통을 함께 느껴보자는 취지에서 시작된 아이스버킷(Ice Bucket) 이벤트는 페이스북과 SNS를 통해 번져나가면서 채 두어 달이 되지 않아 거의 모든 나라 사람들이 참여하는 세계적 유행이 되었다. 여기에서 힌트를 얻어 2014년 말부터 '라이스버킷 챌린지(Rice Bucket Challenge)' 행사를 시작한 사회적기업이 있다. 나눔스토어가 그 주인공으로, 전국의 쪽방촌 거주민들에게 쌀을 기부하는 캠페인을 벌인 것이다. 참가자가 다음 참가자 2명을 지목하면 지목당한 2명이 24시간 안에 쌀 30kg을 들어올리거나 기부하는 형식으로 진행되었는데, 나도 지목을 받아 쌀을 기부했다.

해외 직구를 통해 스마트TV를 이베이에서 구매하는 사람들로 인해 삼성전자와 LG전자가 '국내 소비자를 차별한다'는 거센 항의에 시달리는 것도 그런 사례의 하나다. 일시적인 이벤트이긴 했지만 영국의 인터넷 패션쇼핑몰 아소스(ASOS)는 고객이 구매한 제품을 세계 어느 곳이든 무료로 배송해주기도 했다. 무선인터넷 기술의 급격한 발달은 이처럼 물리적 거리라는 장벽을 간단히 허물어버리고 있다.

급격한 기술 발달은 한편으로 사람들의 일자리를 빼앗는 결과를 낳기도 한다. 고도의 기술을 필요로 하지 않는 분야에 종사하고 있는 사람들이 가장 먼저 희생양이 된다. 기술의 발전 속도를 따라잡기 힘든 중노년층이나 여성 및 취약계층도 낮은 수준의 임금을 받는 일자리로 밀려나게 된다. 지금 이 순간에도 이와 같은 일들이 빠르게 진행되고 있으며, 각국 정부는 이로 인한 사회문제를 해결하기 위해 고심을 거듭하고 있다.

셋째는 소득 수준의 향상과 의료 기술의 발달로 평균수명이 급격히 늘어나면서 나타나는 인구노령화 현상이다. 일본과 같은 선진국은 물론 우리나라도 이 문제가 점점 더 심각해지고 있다. 급속한 경제 성장을 이루고 있는 중국도 예외가 아니다. 인구노령화는 낮아지는 출산율과 세수 부족 문제 등에 직결되어 더 큰 사회문제로 비화할 수 있다. 정부 지출을 축소하거나 폐지할 수도 없고, 세금을 낼 수 있는 사람들은 줄어드는 반면 부담은 갈수록 커질 것이기 때문에 악순환이 가중될 수밖에 없는 구조다. 현재대로 간다면 사회 전체가 대립과 혼란으로 총체적 위기에 직면하게 될 것이다.

마지막으로, 통신과 교통 기술의 발달 그리고 FTA 체결과 같은 경제 통합으로 인해 국가 간 상호 연관성이 커지는 것도 경영환경에 지대한 영향을 미치고 있다. 한 국가에서 발생한 전혀 예기치 못한 사건이 다른 국가들과 기업들에 상상 이상의 충격을 주기도 한다. 이제는 지구상에 존재하는 어느 나라도 다른 나라와의 교류 없이 홀로 성장하거나 자국의 경제를 지탱하는 것이 불가능해졌다. 모두가 모두와 연결되어 있기 때문이다.

지금도 그렇지만 앞으로 더욱 거세질 것으로 보이는 거대한 변화의 바람은 경영자들에게 심각한 도전과 숙제가 되고 있다. 한마디로 위기의 연속이 될 것이다. 하지만 이에 잘 대처하면 누구나 다디단 성공의 열매를 차지할 수 있다. 위기는 반드시 그 안에 기회 또한 감추고 있기 때문이다. 고대 그리스의 역사학자 헤로도투스가 당시 세계 최고의 선진 문명을 자랑하던 이집트를 '나일강의 선물'이라고 말했던 것과 같은 맥락이다. 나일강의 범람은 분명 이집트 사람들에게 큰 시련을 주는 자연재해였지만, 그와 동시에 나일강 삼각주가 비옥해지고 시련 극복을 위한 천문학과 측량술 등의 발달을 가져온 것 또한 사실이기 때문이다. 그래서 위기는 가치 있다고 말하는 것이다.

아, 옛날이여!

　제임스 와트의 증기기관은 인류가 겪어온 변화 중에서도 가장 큰 변화를 불러왔다. 바로 대량생산 시대를 연 것이다. 하루 24시간 동안 쉴 새 없이 물건을 만들어내는 기계의 압도적인 생산력은 그때까지 인류가 한 번도 맛보지 못한 풍요의 시대를 열어젖혔다. 역사학자들은 영국이 '해가 지지 않는 나라'가 될 수 있었던 원동력이 바로 이와 같은 산업혁명에서 비롯되었다고 말한다.

　공장에서 물건들이 대량으로 생산되어 나오면서 본격적인 의미의 시장이 형성되기 시작했다. 대량의 물건들을 매매할 수 있는 장소가 나타나게 된 것이다. 이때 주도권을 먼저 거머쥔 쪽은 공급자들이었다. 제품은 생산되는 족족 팔려나갔고, 소비자들은 처음 느껴보는 소비의 즐거움에 흠뻑 빠져들었다. 제품은 언제나 부족했고 아무나 생산할 수 없는 것이었기에 소수의 공급자들은 자신의 의도대로 시장 전체를 좌

　　　　　　　　　　　　　나는 착한 기업에서 희망을 본다

지우지할 수 있었다. 이 시기의 시장은 거대한 단일 시장이었다.

다시 오지 못할
'좋았던 시절'

산업화 과정을 거친 우리나라에서도 이런 현상은 예외가 아니었는데, 삼성그룹의 창업자 호암 이병철 회장의 자서전을 보면 제일제당의 설립 과정이 상세히 묘사되어 있다. 초기에 이 회장은 설탕공장을 짓기 위해 악전고투를 벌여야 했다. 기계 관련 기술을 들여오기 위해 갖은 고생을 해야 했고, 공장을 지을 돈을 구하기 위해 은행 문턱이 닳도록 드나들어야 했다. 천신만고 끝에 공장을 세웠지만 끝이 아니었다. 설탕의 원료를 구하기 위해 상공부를 수없이 찾아가야 했고 어렵사리 수입허가권을 얻고 나서도 사탕수수를 들여오기 위해 더한 고충을 겪어야 했다. 설탕을 생산하는 하나하나의 과정이 고난의 연속이었던 셈이다. 하지만 시장에 설탕을 공급하기 시작하면서부터는 압도적으로 우월한 지위를 차지할 수 있었다. 설탕을 달라며 돈을 싸들고 찾아오는 전국의 도매상들이 공장 앞에서 장사진을 치고 있을 정도였다. 공급자가 우월적인 지위를 차지한 시장의 전형적인 모습이었다. 몇 년 후 이 회장은 대한민국에서 가장 돈이 많은 사람이 되었다.

하지만 공급자 중심의 거대한 단일 시장은 현재의 이야기가 아니다. 만들기만 하면 팔려나가던 좋은 시절은 과거의 이야기가 되어버렸다.

대량생산을 뒷받침해주던 대량소비가 사라졌기 때문이다. 이는 비단 우리만의 현실도 아니다.

'13억 시장'이라는 허구

나는 요즘도 종종 중국 출장을 가곤 하는데, 중국은 SK그룹뿐 아니라 국내 유수의 기업들이 오래전부터 공을 들여온 시장이다. 중소기업들도 속속 진출했다. '13억 시장'이라는 장밋빛 꿈을 안고 모두가 거대 시장으로 몰려갔다. '1%만 팔아도 1,300만 개다'라는 기대감 때문이었다. 그러나 얼마 지나지 않아 그 기대는 산산이 깨지고 만다. 몇 가지 이유가 있지만, 가장 큰 이유는 당초 기대했던 13억 명이라는 거대한 단일 시장이 존재하지 않았기 때문이다.

중국은 실로 다양한 시장이 존재하는 곳이다. 이미 선진국 수준을 넘어설 정도로 풍요해진 해안 도시들이 있는가 하면, 가난의 그림자가 짙은 서부 내륙지방도 있다. 그 수준 차이는 하늘과 땅이라 해도 과언이 아니다. 상류층 소비자들은 취향이 고급스럽고 씀씀이가 크지만, 가난한 사람들의 주머니 사정은 얄팍하기 짝이 없다. 당연히 팔리는 제품과 서비스의 종류도 다르다. 달라도 너무 다르다. 그래서 13억짜리 거대 시장은 애초에 존재하지 않았던 신기루였다는 걸 깨닫게 된다. 그런데도 아직 중국 시장에 대한 환상을 품고 있는 사람들을 만나곤 하는데, 그때마다 안타까운 마음이 든다.

거대 시장의 붕괴는 중국뿐만 아니라 대부분의 경제개발 국가들에서

나는 착한 기업에서 희망을 본다

도 나타나는 현상이다. 또한 거의 모든 산업 분야에서도 이와 같은 현상이 두드러진다. 지금은 소품종 대량생산의 시대가 아니라 다품종 소량생산의 시대다.

기업이 숨 쉴 곳은 어디에?

대량생산과 대량소비의 시대가 붕괴되고 다품종 소량생산의 시대가 도래하면서 작아진 시장마다 경쟁자들이 치열한 각축전을 벌이고 있다. 문득 영화의 한 장면이 떠오른다. 〈신세계〉에서 기업으로 위장한 조폭집단 골드문그룹의 2인자인 정청(황정민 분)이 다른 조폭인 이중구의 부하들에게 습격을 당하는 장면이다. 그가 사투를 벌이는 엘리베이터 안에서 "드루와! 드루와!"라고 말하는 모습은 보는 이의 숨마저 헐떡이게 만든다.

사람은 심한 육체활동을 하면 평소보다 훨씬 많은 산소가 필요하게 되고 그래서 숨을 헐떡이게 된다. 엘리베이터 같은 좁은 공간에서 칼을 휘두르며 여럿이 뒤엉켜 격렬한 몸싸움을 벌인다면 더 말할 것도 없다. 한 사람의 예외도 없이 숨이 차 넘어갈 지경이 된다. 안타깝게도 요즘의 경영환경이 꼭 그런 모습이다. 좁은 엘리베이터에서 죽고 죽이는 싸

나는 착한 기업에서 희망을 본다

움을 하느라 고통스럽게 숨을 헐떡이는 것처럼, 좁아진 시장을 서로 차지하려고 다수의 경쟁자들이 생존을 건 사투를 벌이고 있다. 이러한 경영 현장을 일컬어 '신 에어(Thin Air, 희박한 공기)'라고 부르기도 한다. 어느 기업을 막론하고 가쁜 숨을 몰아쉴 수밖에 없는 시장의 현실을 빗댄 것이다.

변화 = 위협,
악어 웅덩이의 비극

요즘의 경영환경을 대변해주는 표현은 또 있다. '악어 웅덩이의 비극'이라는 표현이다. 1년 내내 더운 열대지방에서는 건기와 우기가 뚜렷하게 나뉘는데, 비가 내리는 우기가 되면 온 천지에 생명의 기운이 충만해진다. 메말랐던 땅이 촉촉해지면서 수많은 식물의 싹이 트고 하루가 다르게 쑥쑥 자라기 때문이다. 식물을 먹이로 하는 동물들의 움직임도 덩달아 활발해진다. 다음 세대를 잇기 위한 짝짓기도 이 시기에 일어난다. 먹이사슬의 상층부에 있는 육식동물들도 우기가 반갑기는 마찬가지다. 먹잇감이 풍부해지기 때문이다. 그렇지만 우기라는 풍요의 계절이 지나 비가 오지 않는 건기가 시작되면 모든 동물이 고통에 빠져든다. 우선 생명 유지에 필수인 물을 구하는 것부터 쉽지가 않다. 먹이도 모자란다. 결국 동물들의 대이동이 이루어진다. 거대한 덩치를 자랑하는 코끼리나 영양의 일종인 누(gnu) 떼도 물과 먹이를 찾아 힘겨운 이동을 시작한다. 모두에게 위기의 시절이다. 그런데 이때를 기회로 활용하는 동물이 있다.

악어들은 이런 건기를 역으로 활용하는 지혜(?)를 갖고 있다. 사방에 물이 풍부한 우기에 물웅덩이를 깊숙이 파놓는 것이다. 그러면 건기에 물고기들과 동물들이 이 물웅덩이로 모여들게 되고, 악어는 이동하지 않고도 필요한 먹이를 구할 수 있게 된다. 건기가 수많은 동물들에게는 절체절명의 위기이지만, 미리 준비하고 있던 악어에게는 양껏 배를 채울 수 있는 좋은 기회가 되는 것이다. 위기가 품고 있는 양면성을 보여주는 극적인 사례의 하나다.

시장의 비극을 피하는
유일한 방법

시장이 좁아져 공기가 희박한 숨 막히는 상황에 처하면 기업들은 기회가 더 많은 곳으로 자연스럽게 이동하게 되고, 결국 시장은 경쟁이 심각한 레드오션(red ocean)으로 변한다. 기회를 찾아 도달한 풍요한 시장도 얼마 안 가 척박해지기 때문에 종국에는 생존을 위한 불가피한 선택을 하다가 물웅덩이의 악어 밥 같은 비극을 맞게 된다. 해결 방법은 뭘까?

해결책은 이미 당신도 알고 있다. 차별화된 경쟁력을 지속적으로 확보하는 것뿐이다. 그것이 말처럼 쉬운 일이 아니라는 것이 문제일 따름이다.

나는 착한 기업에서 희망을 본다

뛰는 기업, 나는 소비자

경영 현장에서 피부로 느끼는 점 중 하나가 요즘 소비자들은 놀랄만큼 똑똑하다는 사실이다. 어지간한 제품이나 서비스로는 그들의 이목을 집중시킬 수 없다. 한 B2C기업의 대표가 "얄미워 보인다"고 말할 정도다. 소비자들이 얼마나 기업의 의도를 손바닥 보듯 훤하게 들여다보는지 가늠할 수 있는 한 가지 예를 살펴보자.

조 단위의 투자를 받아 화제가 된 국내의 한 대형 소셜커머스 사이트가 유례없는 빅 이벤트를 벌여 또 한 번 화제에 오른 적이 있다. 회원가입만 하면 아무런 조건 없이 사용할 수 있는 사이버캐시(2만 원)를 지급하는 이벤트를 실시한 것이다. 기업들이 이벤트를 벌이는 이유는 여러 가지가 있다. 회원 숫자를 늘려 광고를 유치하거나 공급처로부터 매입단가를 낮추어 '규모의 경제' 효과를 누리는 것 등이다. 물론 회원들에게 주어지는 혜택이 공짜는 아니다. 보통 '얼마 이상 사용 시'라거나

'1+1'이라는 조건이 붙게 마련이다. 그런데 이 사이트의 이벤트는 그런 조건이 없었다. 게다가 신규 가입을 도와준 추천인에게도 1인당 5,000원이라는 사이버캐시를 추가로 지급한다는 것이었다. 10명의 회원을 유치하면 5만 원을 지급하는 것이다. 또한 추천인 숫자에 따로 제한을 두지 않아 회원 가입을 유도하는 네티즌들의 움직임이 여기저기서 자발적으로 일어났다.

약삭빠른 소비자들

전례를 찾기 힘든 파격적인 이벤트를 통해 해당 소셜커머스 사이트가 소기의 목적을 달성했는지 궁금하던 차에 한 직원이 흥미로운 이야기를 들려주었다. 어떤 커뮤니티 사이트 게시판에 이런 글이 떠 있더라는 것이다.

"나는 캐시 다 쓰고 바로 회원 탈퇴했다. 추천 거지들이 5,000원 못 받지롱~"

왜 그럴까? 알고 보니 회원 가입을 유도하여 얻게 되는 추천인 몫의 캐시 5,000원에는 2가지 조건이 달려 있었다. 가입 회원이 이벤트로 받은 캐시 2만 원을 며칠 이내에 모두 사용해야 한다는 것과, 캐시를 사용한 날로부터 10일이 경과한 후에 추천인에게 5,000원이 지급된다는 것이었다. 아마도 신규 회원의 실제 이용 절차가 모두 완료된 후에 추천인에게 캐시를 지급하는 정책이었던 모양이다. 그런데 어떤 네티즌이 그 사이트에 회원 가입을 하면서 누군지도 모르는 사람에게 추천인 캐시 5,000원이 주어지는 것이 샘이 났는지 자신이 얻은 2만 원의 캐시를 사용하고는 곧장 회원 탈퇴를 해버린 것이다. 이 글이 올라오자 '나도 해야겠다'는 댓글이 줄줄이 달렸더란다. 이렇게 되면 애초에 이벤트를 기획했던 사이트가 얻고자 하는 효과는 반감될 수밖에 없다. 네티즌들이 '기대와 다르게' 반응하고 움직이기 때문이다.

나는 신입사원 시절부터 영업이나 마케팅에 대해서라면 일가견이 있다는 소리를 들어왔던 터이지만 이 이야기를 듣고 절로 하~ 소리가 나왔다. '이제는 고객들이 먼저 알고 움직이는구나' 하는 생각이 들었다.

똑똑한 소비자들의 정보력을 이기는 '절대 가치'

고객들이 마케팅 담당자의 머리 위에 올라앉아 있는 것 같다. 얄미울 정도로 혜택만 골라 챙기는 소비자들을 일컫는 '체리피커(cherry picker)'라는 용어까지 생겼다. '앞으로의 경영은 본질적으로 달라져야 한다'는 주장이 그래서 공감을 얻고 있다. 기업이 고객들보다 더 많이 알고 있다고 단정할 수 없기 때문이다.

인터넷과 스마트폰의 발달로 소비자들의 정보력이 크게 향상되는 가운데 경영자들이 주목해야 할 개념이 있다. '절대 가치'라는 개념이다. 소비자가 직접 제품이나 서비스를 경험할 때 느끼거나 알게 되는 품질과 가치를 말한다. 이 개념에 집중해야 하는 이유는 소비자들이 제품에 대한 정보를 거의 완벽하게 파악할 수 있는 상황에서 브랜드의 영향력이나 타인의 경험담이 구매 행위에 미치는 영향이 줄어들 수밖에 없기 때문이다.

스탠퍼드대 비즈니스스쿨에서 마케팅을 가르치는 이타마르 시몬슨(Itamar Simonson) 교수와 《버즈, 입소문으로 팔아라(The Anatomy of Buzz Revisited)》의 저자 엠마뉴엘 로젠(Emanuel Rosen)이 공저한 《절대 가치(Absolute Value)》는 브랜드 중심의 마케팅에서 벗어나야 한다고 주장하는 책이다. 제품과 서비스에 대한 소비자들의 지식수준이 다양한 경로를 통해서 높아지고 있기 때문에 소비 행태 또한 감정적인 것에서 이성적인 방향으로 바뀌고 감성적인 측면만큼이나 합리성이 중요시되고 있어서다.

오늘날의 소비자들은 전문가 못지않은 지식과 경험을 가질 수 있게 되었다. 가격은 가격 비교 사이트를 통해 단박에 알아낼 수 있고, 실제 사용 경험 또한 블로거들의 신랄하고 직접적인 체험담을 통해서 얻을 수 있다. 계속해서 올라오는 블로그 정보에 대해서도 현명하게 취사선택하는 노하우를 보유하고 있다. 돈을 받고 작성되는 맛집 정보를 피하기 위해 '지역 이름 + 오빠랑'이라는 형태로 검색을 하기도 한다. 이제 소비자를 움직일 수 있는 힘은 잘 설계된 브랜드 이미지가 아니라 본질적인 요소에서 나온다는 사실을 알아야 한다. 어느 기업을 막론하고 살아남기 위해서는 이러한 절대 가치를 높이는 방향으로 모든 노력의 초점을 맞출 필요가 있다.

나는 착한 기업에서 희망을 본다

취해 있지 마라

빠르고 거대한 변화는 앞으로도 계속될 것이다. 이는 천신만고 끝에 승리를 거두었다고 해도 그것을 마냥 즐길 수만은 없다는 뜻이기도 하다. 몰락했던 경쟁자가 다시 부상하지 않는다고 장담할 수도 없거니와 빛나는 승리가 금세 퇴색되는 일도 흔히 일어날 수 있기 때문이다. 예를 들어 스마트폰 시장의 하드웨어 스펙 경쟁이 잦아들면 노키아의 스마트폰 루미아 같은 제품이 다시 각광을 받을 가능성도 배제할 수 없다. 파나소닉이 시험적으로 출시했다는 디지털카메라 겸용 스마트폰 루믹스 DMC-CM1이 스마트폰 시장의 한쪽을 차지할 수도 있다. 이렇게 되면 갤럭시S 시리즈와 아이폰이 양분하고 있는 시장이 더 세분화될지 모른다.

존속적 혁신에서
파괴적 혁신으로

애플의 시장 지배력은 언제까지 지속될까? 애플의 힘이 아무리 강하다고 해도 시장보다 강할 수는 없는 법이다. 실제로 애플이 아이폰으로 일구어온 눈부신 성공에 그림자가 드리워지는 것 같은 조짐이 보이고 있다. 2014년 애플은 창사 이래 최대 규모인 30억 달러의 M&A를 단행했다. 음악 서비스를 제공하는 비츠(Beats) 사를 전격적으로 인수한 것이다. 이를 두고 스트리밍 서비스 부문을 강화하기 위한 것이라고 보는 시각이 유력한데, 그 이면을 살펴보면 디지털음원 시장의 판도가 아이튠스(iTunes)가 장악하고 있던 다운로드 방식에서 실시간 스트리밍 방식으로 빠르게 변화하고 있기 때문이다. 통신 속도가 놀라울 정도로 빨라지면서 사람들은 음악을 다운받아 듣기보다 실시간으로 스트리밍해서 즐기게 되었다. 이에 따라 2012년 미국의 디지털음원 다운로드 분야에서 63%의 시장점유율을 자랑하던 아이튠스가 애플의 고민거리로 떠올랐다. 한 고위 임원이 언론 인터뷰에서 "음악사업이 죽어가고 있다(Music is dying)"고 고백할 정도가 되었다. 삼성과 LG, 모토롤라와 노키아 같은 피처폰 시장의 강자들을 무력화한 애플조차도 이렇게 기술 변화의 흐름을 잠시 놓치는 바람에 고민에 빠지게 된 것이다. 요즘의 경영환경이 얼마나 극적으로 변화하는지에 대한 생생한 사례의 하나다.

"환경이 급격하게 변화하면 이에 대응해야 합니다. 존속적 혁신으로 대응하다가는 실패하기 쉽습니다."

《혁신 기업의 딜레마(The Innovator's Dilemma)》를 쓴 클레이튼 크리스텐슨(Clayton M. Christensen) 하버드대 교수의 말이다. 그는 혁신에는 '존속적 혁신(sustaining innovation)'과 '파괴적 혁신(disruptive innovation)'이 있으며, 존속적 혁신은 주력 제품의 성능을 향상시켜 기존 고객들을 계속 만족시키는 방어적 혁신이어서 기업의 성장에 도움을 주지 못한다고 말했다. 반면에 파괴적 혁신은 기존 제품의 기능을 단순화시키고 고객들이 편리하게 사용할 수 있게 만드는 데 초점을 맞추므로 쉽고 경제적이기 때문에 많은 사람이 쓰게 된다.

청년 세대의 취업과 직장인들의 애환을 다룬 드라마 〈미생〉에서 오상식 차장이 주인공인 장그래에게 불쑥 전화를 걸어 한 말이 있다.

"취해 있지 마라."

평소에는 까칠한 모습이지만 장그래를 아끼는 마음을 담은 표현으로 많은 사람들에게 따뜻한 느낌을 전해주었다. 오 차장의 말대로 취해 있어서는 안 된다. 거대 기업 애플조차 부지불식간에 어려움에 빠지는 세상이다. 잠시라도 취해 있다가 까딱 잘못하면 낙오하고 마는 절대 경쟁의 시대다. 깨어 있어야 한다.

SNS의 가능성과 위험성

급격한 환경 변화에 적절히 대응하기 위해서는 새로운 관점의 경영과 함께 그에 걸맞은 접근 방식이 필요하다. 이를 위해 반드시 주목해야 할 것이 SNS와 스토리텔링이다.

카톡이나 라인, 페이스북, 트위터 그리고 인스타그램이나 텀블러 같은 SNS(Social Network Service)는 너무나 흔히 듣는 말이 되었지만, 그 중요성만큼은 매우 무겁다. 제품이나 서비스에 대가를 지불하는 사용자들이 예전처럼 개별적인 존재가 아니라 하나로 연결되어 서로서로에게 영향을 주고 있기 때문이다. SNS를 통해 '네트워크화(化)된 사람들'이 한 목소리를 낼 수 있게 된 것이다.

유의할 점은 SNS의 양면성이다. 긍정적인 측면이 많지만 부정적으로 작용하는 경우도 적지 않다. 거짓 정보나 의도적으로 왜곡된 사실이 무차별적으로 퍼져나갈 수 있기 때문이다. 외식 프랜차이즈 채선당의 한 종업원이 임신부 고객을 발로 찼다는 소식이 인터넷을 통해 일파만파로 번진 적이 있었다. 이 일로 채선당이 입은 피해는 막대했다. 그런데 얼마 안 가 '해당 내용이 의심스럽다'는 지적과 함께 당시 상황을 곁에서 보았다는 사람들의 글이 올라와 주목을 받기 시작했다. 임신부를 폭행했다는 내용이 지나치게 과장되었을 뿐만 아니라 오히려 종업원이 폭언을 들었다는 전혀 상반된 증언도 있었다. 사태는 그렇게 진정이 되었지만, 채선당과 종업원이 당한 피해는 누구도 보상해주지 않았다. SNS의 폐해가 얼마나 심각할 수 있는지 단적으로 보여주는 예다.

물론 SNS가 부정적으로 작용하는 것만은 아니다. 사람들이 몰랐던 사실을 알려주고 문제 해결에 필요한 힘을 모으게 해주는 등 긍정적으로 작용하는 경우도 많다. 이슬람 무장 테러단체 IS의 무자비한 폭력이 계속되고 있는 가운데 이들을 피해 탈출한 난민들로 전 유럽이 시끄러울 때였다. 인도적인 측면에서는 난민들을 적극적으로 수용하는 것이

나는 착한 기업에서 희망을 본다

맞지만, 그로 인한 경제적 부담과 사회적 문제 때문에 반대 여론도 만만치 않았다. 그러던 중 터키의 한 바닷가에서 세 살 된 남자 어린아이가 엎드린 채로 숨져 있는 참혹한 사진이 공개되었다. 받아주는 곳이 없어 바다를 떠돌던 난민 가족의 아이였다. 그 사진은 SNS를 통해 전 세계로 퍼져나갔고 난민 수용 문제에 소극적이던 독일과 영국 같은 나라들이 기존의 태도를 전격적으로 바꾸는 결과를 만들어냈다.

SNS의 영향력과 관련하여 우리가 생각해봐야 할 것이 있다. SNS는 결국 '전달력'이라는 사실이다. 그리고 전달력은 메시지에 좌우된다는 것이다. "미디어는 메시지다"라고 설파한 미디어학자 마셜 매클루언(Marshall McLuhan)의 통찰을 떠올려보라. SNS는 효과적이고 휘발성이 강한 미디어의 하나일 뿐이다. 메시지를 전달하는 수단이지 목적은 아니라는 것을 기억해야 한다. 사람들의 공감이나 분노를 일으키는 것은 SNS 자체가 아니라 매클루언이 말한 메시지, 즉 콘텐츠다. 스토리텔링이 중요하다고 말하는 것도 그런 이유에서다. SNS가 메시지를 효과적으로 전달할 수 있는 수단이라면 스토리텔링은 메시지 자체에 대한 것이기 때문이다.

기업은 엄청난 휘발성과 폭발성을 지닌 SNS에 대해 좀 더 진지하게 고민해야 한다. '우리가 어떤 메시지를 시장과 고객에게 전달할 수 있을까?'에 대해서 말이다.

작은 시장은 가치를 소비한다

만들기만 하면 모두 팔리던 시절이 있었다. 스마트폰도 그랬다. 초창기에는 시장에 내놓기가 무섭게 사람들이 줄을 지어 사가는 진풍경을 연출했다. 그런데 그와 같은 팬덤(fandom) 현상이 확연히 꺾이고 있다. 초창기 시장을 지나 다양한 제품들이 선택을 받기 위해 각축을 벌이는 성숙 단계로 접어들었기 때문이다. 그에 따라 업계 선두 기업들의 고민도 깊어지고 있다.

폭발적으로 성장하던 시장이 성숙 단계로 접어들면 소비자들의 요구사항도 확연히 달라진다. 예전처럼 공급자가 제시하는 것을 무차별적으로 수용하지 않고 자신들이 원하는 바를 적극 표현한다는 것이다. '성능은 이전 모델로도 충분하니 가격을 낮춰달라'고 요구하거나 '렌즈가 제일 중요하다'고 주장하는 고객들이 전면에 나타난다.

아이폰과 갤럭시가 스마트폰 시장 전체를 대표하던 매스 마켓(mass market)이 장점이 명확한 스마트폰들의 등장과 함께 다양한 틈새시장으로 세분화되기 시작했다. 국내 시장의 경우에도 중저가 스마트폰의 약진이 두드러진 모습을 보이고 있다.

매스 마켓이 붕괴되고 있다고 해서 아무나 그 틈새시장을 파고들 수 있는 것은 아니다. 경쟁 수준이 한 계단 올라선 상태이기 때문이다. 이른바 '가치 소비'의 시대에는 예전과는 다르게 품질이 조금만 떨어져도 소비자들이 금방 알아챈다. 낮은 가격으로 그것을 상쇄할 수 있는 시대가 아니다. 저가와 양질의 2가지 덕목을 모두 충족시켜줘야 비로소 소비자들의 지갑을 열 수 있다.

나는 착한 기업에서 희망을 본다

스마트폰 시장이 성숙 단계로 접어들면서 사용자들의 요구가 분명한 틈새시장을 예측했던 기업이 있다. 사용자가 필요로 하는 기능만으로 구성한 조립형 스마트폰의 가능성을 눈여겨보던 구글이다. '프로젝트 아라(Ara)'라는 TFT를 운영, 조립형 스마트폰을 개발해왔던 구글은 돌연 출시를 연기한다고 발표했다. 완성 단계의 제품이 충격 테스트 과정에서 발생한 불량을 해결하지 못했기 때문이었다.

여기서 알 수 있는 사실은 선두 기업이라 해도 하드웨어 역량은 생각만큼 쉽사리 해결하기가 어렵다는 점이다. 가치 소비 시대의 경쟁이 그렇다. 마음만 먹는다고 아무나 뛰어들 수 있는 무대가 아니다. 아름다운재단이 선보인 '아름다운 커피'가 초기에 어려움을 겪었던 것도 같은 이유에서였다. 네팔 지역의 커피 농가를 돕는다는 좋은 뜻으로 만든 제품이었지만 높아진 소비자의 입맛을 만족시키지 못했던 것이다. 이후 '허형만의 압구정 커피집'으로 유명한 커피 장인 허형만 씨의 도움으로 아름다운 커피를 업그레이드하고 나서야 제 궤도에 오를 수 있었다

또 다른 사례는 바로 일본의 패션브랜드 무지(MUJI)다. 모(母)기업인 무인양품(無印良品)에서 알 수 있듯이, 품질은 높이되 브랜드에 투자하는 비용을 최소화하는 전략으로 소비자들에게 '값 싸고 품질 좋은 옷'이라는 가치를 성공적으로 전달할 수 있었다. 무인양품은 단순하지만 견고한 설계와 시공으로 소형 목조주택 시장에도 뛰어들어 인기를 끌고 있다.

불가능을 모르는 기업들

　　　　　　　　IT 기술의 발달이 가져온 변화 중 가장 큰 것 중 하나는 '작은 기업의 가능성'이다. 시장에서 생존하고 성공하기 위해 반드시 대규모의 자본과 인력이 필요한 것은 아니기 때문이다. 기업 경영을 위해 필요한 자원들 가운데 자동화되거나 대체 가능한 것들이 늘어나고 있다. 기술도 그렇고 인력도 그렇다. 규모가 작다고 해서 제공하는 서비스가 제한적이거나 품질이 낮은 것도 아니다. 상당수의 기능이 온라인으로 구현되기 때문이다.

　글로벌 차원의 서비스를 제공하는 유명 IT기업들 가운데 적은 인원으로 운영되는 곳이 적지 않다. 기업 가치가 1조 원이 넘는 대형 인터넷 서비스업체들 중에서 직원이 100명이 안 되는 경우를 쉽게 찾아볼 수 있다. 구글에 밀려 절치부심하던 야후가 11억 달러를 들여 인수한 이미지 기반의 SNS 텀블러(Tumblr), 구글이 16억 5,000만 달러를 투자하여 인수한 유튜브(YouTube), 페이스북의 마크 주커버그가 무려 160억 달러를 쏟아부은 와츠앱(WhatsApp)이 대표적이다. 첨단 IT 기술을 잘 활용하면 소수의 인원으로도 얼마든지 시장에서 뚜렷한 존재감을 가진 강한 기업이 될 수 있음을 보여주는 사례들이다.

　　　　　　　　　　　　　　　　　나는 착한 기업에서 희망을 본다

비즈니스의 성패를 좌우하는 것들

시장을 움직이는 강력한 '개인'

IT의 발달이 작지만 강한 기업의 가능성만 보여준 것은 아니다. 앞에서 잠깐 살펴본 것처럼 SNS의 발달과 스마트폰의 급속한 보급으로 각각의 개인이 언제든 강력한 목소리를 내는 네트워크가 될 수 있다. 그만큼 시장에서 개인의 위상이 올라간 것이다. 실제로 개인들은 기업을 향해 자기 의견을 거침없이 쏟아내고 있다. 거친 표현을 써가며 공격하거나 불매운동을 벌여 매출에 큰 타격을 주기도 한다. 이러한 현상이 잘못되었다며 부정하는 것은 바람직한 태도가 아니다. 이미 거스를 수 없는 대세가 되었기 때문이다. 인정하건 안 하건 시장은 이미 개인들이 움직여나가고 있다.

지극히 현실적인 이유에서라도 기업은 개인들의 의견을 귀담아들을 필요가 있다. 그 속에 아이디어와 기회가 들어 있으므로 가볍게 여겨서는 안 된다. 고객의 요구나 불만 사항을 하나도 놓치지 않도록 직원들은 물론 경영자가 직접 챙겨야 한다.

착한 기업인가 아닌가

요즘 네트워크화된 개인들이 제기하는 사항들 가운데 뚜렷한 흐름을 보이는 것이 있다. 기업들이 사회문제에 대해 책임을 다하라고 요구하고, '착한 기업'에 지지와 공감을 보내는 목소리가 그것이다.

지금까지 기업들은 매출의 일부를 기부하거나 직원들의 봉사활동 등의 방법으로 사회문제에 참여해왔다. 이른바 '기업의 사회적 책임(CSR, Corporate Social Responsibility)' 활동이다. 이와 같은 활동에는 크게 3가지 이유가 작용하고 있었다.

첫 번째 이유는 고객들이 그것을 원하기 때문이다. 예전에는 제품의 기능이나 품질에 만족하면 그것으로 끝이었다. 하지만 지금은 더 나아가 '의미'를 요구하고 있다. 자신이 지불하는 돈이 의미 있게 쓰이기를 바란다는 것이다. 신발 시장을 예로 든다면, 전에는 어떤 신발이 더 예쁘고 질이 좋은가로 구매를 결정했는데, 요즘 고객들은 '이 신발을 사면 똑같은 신발 한 컬레를 가난한 나라의 아이들에게 선물할 수 있다'는 식의 의미를 부여해주는 브랜드를 선호한다. 소셜벤처 탐스슈즈(TOMS shoes)가 폭발적 성장과 함께 세계 곳곳에 수많은 자발적 홍보대사를 거느린 팬덤 브랜드가 될 수 있었던 것이 이 때문이었다. 사회문제 해결에 도움이 되고 싶은 고객들의 욕구에 잘 맞아떨어진 결과다.

두 번째 이유는 기업의 책임 대상이 확대되었기 때문이다. 과거에는 기업이 자신에게 투자한 주주들만 책임지면 되었다. 주주들의 이익만 불리면 성공한 기업으로 평가받을 수 있었다. 하지만 지금은 주주들뿐만 아니라 직원들, 그리고 사회에 대해서도 책임을 져야 한다는 시각이 우세해졌다. 왜냐하면 기업이 국민의 세금으로 만들어진 도로나 항만 같은 인프라를 가장 많이 이용할뿐더러 만에 하나 잘못된 선택을 하게 되면 사회적으로 큰 문제를 일으키기 때문이다. 공해물질 배출로 강이나 토양을 오염시키는 경우가 대표적이다. 바꾸어 말하면, 기업이 사회에 미치는 영향이 그만큼 커졌다는 뜻이기도 하다. 그렇기 때문에 기업들이 사회공헌 활동에 보다 적극적일 수밖에 없게 되었다.

세 번째 이유는 경쟁력의 원천이기 때문이다. 시장에 다수의 공급자가 존재하는 상황에서 고객들에게 선택받기 위한 강력하고도 차별화된 경쟁력의 하나가 바로 사회공헌 활동이다. 이른바 '착한 기업이 되어야 한다'는 것이다. 이제 소비자들은 노골적으로 '나쁜 회사'를 거부한다. 악덕 기업으로 판명되면 그 즉시 제품에 대한 불매운동을 일으켜 심각한 타격을 가한다. 반대로 착한 기업에 대해서는 높은 관심과 꾸준한 충성도로 매출에 기여한다.

기업의 CSR 활동이 강조되면서 경쟁의 본질 역시 변화되고 있다. '어떻게 하면 경쟁력을 갖출 수 있는가?'를 고민하던 것에서 '이 경쟁력이 지속가능한가?'를 묻게 되었다. 지속가능성이 없는 기업은 이미 경쟁력을 상실한 것이나 다름없기 때문이다. 또한 예전에는 '이것으로 얼마나 이윤을 남길 수 있는가?'만 생각했다면 지금은 '고객의 반응은 어떨까? 평판은 괜찮을까?'를 함께 고려해야 한다. 결과적으로 기업의 CSR 활동은 선택이 아닌 필수가 되었다. 그에 따라 시각도 많이 바뀌었다. CSR에 소요되는 예산을 비용이 아니라 투자로 여기게 되었다. 해도 그만 안 해도 그만인 활동이 아니라 지속가능한 이윤을 얻기 위한 필수적인 행위가 되었으니 당연히 투자로 보게 된 것이다.

시각이 바뀜에 따라 공급자 중심의 CSR 활동도 수혜자 중심으로 초점이 이동했다. 이러한 CSR 활동은 한 단계 더 진화하여 CSV(Creating Shared Valus, 공유가치 창출)로 발전하게 되는데, 이에 대해서는 뒤에서 설명할 것이다.

소비자들의 영혼을 울리는 마케팅

경영 현장에 불고 있는 거대한 변화는 마케팅에 대한 생각도 바꾸어놓고 있다. 대량생산과 대량소비로 대표되는 거대 시장이 작고 다양한 시장으로 분화하면서 이에 적합한 새로운 마케팅이 필요해졌기 때문이다. 그 결과로 나타난 것이 마케팅 3.0인데, 'STP(Segmentation, Targeting, Positioning) + 소비자 영혼'으로 설명하기도 한다. 거대하고 단일한 시장이 사라진 자리에 다양하고 특색 있는 시장이 부상하면서 시장을 세분화(Segmentation)할 필요가 생겼다. 또한 특정 시장의 고객을 어떻게 공략할 것인가, 즉 표적 시장(Targeting)을 결정하고, 차별화된 브랜드로 고객들에게 자리매김(Positioning)할 방법을 도출하게 되었다. 하지만 지금과 같은 시대에는 이것만으로는 부족하다. STP에 소비자의 영혼을 자극할 수 있는 마케팅이 더해져야 한다.

요즘처럼 SNS로 네트워크화된 고객들에게는 무엇보다 '참여'를 유도하는 마케팅이 효과적이다. 제품과 서비스에 관한 정보를 기업이나 전문가들이 배타적으로 소유하는 것이 불가능해진 시대에는 고객과 동등한 입장에서 커뮤니케이션하면서 고객의 마음을 사로잡을 수 있어야 한다. 마음을 사로잡으면 고객의 참여를 이끌어낼 수 있고 별다른 마케팅 활동을 벌이지 않아도 고객 스스로 홍보대사가 되어 감동한 메시지를 자발적으로 퍼뜨린다. 전도사라는 뜻의 에반젤리스트(evangelist)라는 직책이 생긴 것도 같은 맥락이다. 탐스슈즈의 경우 고객이 신발을 사면 똑같은 신발을 가난한 나라의 아이들에게 기증한다는 이야기에 감동한 사람들이 직접 회사를 만들고 마케팅 계획을 수립한 후 '한국에 진출해달라'고 요청하는 일까지 벌어지고 있다. 제품에 만족하고 그 스토리를 즐기는 데서 그치는 것이 아니라 스토리를 함께 만들어가기를 원하는 것이다. 이렇듯 고객들의 참여가 더해질 때 지속가능한 경영이 완성될 수 있다.

시장에서 승자가 되려면 소비자의 영혼을 울려야 한다. 그리고 기꺼이 손을 내밀어야 한다. 그것이 이 시대의 소비자가 바라는 것이다. 사람의 마음을 울리는 메시지와 참여를 유도하기 위한 노력이 소비자들에게 공명되어 그들의 발걸음을 떼게 할 수 있다면 누구라도 성공할 수

있는 시대. 그런 면에서 마케팅 3.0은 거대한 변화의 흐름 속에서 뜻
밖의 시장을 발견하여 승리할 수 있는 강력한 무기가 되어줄 것이다.

나는 착한 기업에서 희망을 본다

쥐 떼는 늘어나는데
사자는 한 마리밖에 없고

전례가 없던 일들이 벌어지는 것은 시장만이 아니다. 사회 곳곳에서도 이전에는 몰랐던 새로운 문제들이 분출되고 있다. 환경오염 등의 문제가 대두되는가 하면 학교를 졸업하고도 일자리를 얻지 못하는 청년들의 실업 문제나 저소득층의 복지 문제도 심각성을 더하고 있다. 몇몇 국가들에 국한되지 않은, 전 세계적인 현상이다. 각국 정부도 지속적인 관심을 쏟고 대책을 강구하고 있지만 문제는 해결되지 않고 더 쌓여가는 상황이다.

분출하는 사회문제,
보이지 않는 해법

사회문제 해결에서 정부의 역할이 효

과적인가에 대한 근본적인 성찰도 일어나고 있다. 최태원 SK그룹 회장은 자신의 책《새로운 모색, 사회적 기업》에서 정부의 역할이 쥐 떼를 잡는 일에 사자를 풀어놓는 것처럼 효과를 보지 못한다고 지적하기도 했다.

"딱 한 마리밖에 없는 그 사자가 쥐를 쫓느라 바쁘자, 잠잠하던 야생동물들이 다시 침입하기 시작했다. 그렇다고 쥐를 잡고 야생동물도 내쫓기 위해 사자를 더 들여오자니 마을 사람들의 비용 부담이 너무 컸다."

세계 경제를 위기에 빠뜨린 2008년 금융위기의 와중에 월스트리트에서는 '일자리를 달라'는 시민들의 외침이 울려퍼졌다. 금융위기의 주범들이 전 세계를 위기에 빠뜨려놓고도 오히려 막대한 보너스를 챙겼다는 소식에 분노한 시민들이 급기야 피켓을 들고 거리로 나선 것이다. 월

⫸⫸— 월스트리트를 뒤덮은 외침, "일자리를 달래(We need jobs!)"

나는 착한 기업에서 희망을 본다

스트리트발 경제위기의 여파로 학교를 졸업한 청년들과 실직자들은 일자리를 얻는 것조차도 힘든 상황이 되었지만, 위기를 불러온 장본인들이 보여준 후안무치한 행태에 사람들은 참을 수 없었다. 경제 성장의 열매가 모든 사람에게 골고루 돌아가는 것이 아니라 소수의 자본가들에게 편중되는 일이 계속되면서 심화된 양극화 현상에 대한 저항이 격화되고 있다.

4달러 햄버거에 숨겨진
불편한 진실

이런 상황에서 주목할 만한 책이 나왔다. 미국 경제학자 라즈 파텔(Raj Patel)이 쓴 《경제학의 배신(The Value of Nothing)》으로, 현재의 사회문제가 발생하게 된 근본 원인에 대한 통찰을 보여준다. 이 책은 우리가 너무나 당연시했던 것들에 대해 조금 더 고민해볼 필요가 있다는 사실을 깨우쳐주는데, 이를테면 시장이 정하는 가격으로 우리가 살고 있는 세계의 가치도 평가할 수 있으리라는 믿음이 얼마나 부실한가를 파고든다. 저자는 시장이 제대로 작동하기 위해서는 특정한 물건이 경제 체제 안에서 매매가 가능한 상품으로 전환되어야 한다고 역설한다. 그 전환 과정에 사회가 관여를 하게 된다고 오랫동안 믿어왔지만 실제로는 그렇지 않다는 것이다. 예를 들어보자.

맥도날드에서 단돈 4달러만 주면 사먹을 수 있는 햄버거의 가격이 어느 날 갑자기 200달러가 된다면 어떻게 될까? 말도 안 되는 폭리라며 사람들의 항의가 빗발치고 신문과 TV카메라가 햄버거 매장 앞에서 리포트를 하는 소동이 일어날 것이 뻔하다. 그런데 저자는 "햄버거에 필요한 소고기를 얻기 위해 소를 기르는 데 들어가는 비용은 얼마나 될까? 또 소를 기르기 위한 농장을 만들기 위해 베어낸 나무는 몇 그루나 될까?"라고 묻는다. 햄버거 하나를 만드는 데 필요한 것들이지만 한 번도 생각해보지 않았던 질문들이다. 햄버거를 만드는 비용에는 2억 9,000만 달러의 에너지와 12억 세제곱킬로미터의 탄소에 해당되는 온실가스 배출이 포함된다. 소를 기를 농장을 만들려고 숲을 베어냈으니 숲이 배출하는 만큼의 산소를 얻지 못하고, 소가 배출하는 탄소를 처리하기 위한 비용이 추가로 발생한다. 햄버거 패티 하나를 얻기 위해 소고기만 필요하다는 주장은 그래서 진실이 아니다. 그런데 소고기를 얻기 위해 들어간 이면의 비용은 햄버거값에 포함되어 있지 않다. 그런 제반 비용을 모두 포함해서 가격을 정한다면 1개당 200달러는 족히 될 것이다. 그렇게 산출된 200달러에서 실제 판매되는 햄버거값 4달러를 제한 차액 196달러라는 돈은 어떻게 된 것일까? 햄버거 하나를 만드는 데 필요한 이 비용을 누군가는 지불해야 하는데, 맥도날드는 전혀 지불하지 않고 있다.

문제는 이뿐만이 아니다. 농장을 만들기 위해 베어낸 숲을 복원하는 문제와 소가 배출한 탄소를 처리하는 문제를 가볍게 생각한 결과, 지금 우리는 심각한 환경오염에 시달리고 있다. 기술 개발과 산업 발전에만 신경을 쓰다가 공장 인근의 주민들이 심각한 중금속 오염에 시달리다가 목숨을 잃게 만든 이타이이타이병이나 미나마타병도 그런 경우에

나는 착한 기업에서 희망을 본다

속한다.

라즈 파텔은 햄버거 하나를 만들기 위해 실제로 필요하지만 눈에 드러나지 않은 제반 비용을 지불하고 있는 존재가 바로 우리 사회 전체였다는 것을 적시했다. 그의 지적은 시장이 결정한 가격은 공정하고 타당할 것이라는 우리의 오랜 믿음이 섣부른 것이었다는 불편한 사실을 인정하지 않을 수 없게 한다. '가치의 복귀' 혹은 '덕목의 복귀'에 대해 눈을 돌려야 한다는 그의 주장에 공감하게 된다.

지금 우리가 직면하고 있는 온갖 사회문제는 해결책을 쉽게 찾을 수 있는 문제가 아니다. 그렇다고 해서 모른 척 눈 감고 있을 수만도 없다. 문제가 점점 더 심해지고 커질 것이기 때문이다.

착한 비즈니스가 뜬다!

경쟁이 치열하지 않은 산업은 없다. 산업을 불문하고 크고 작은 기업들이 끊임없이 혁신을 시도하는 이유다.

패션업계에서는 한 스페인 기업의 혁신 사례가 눈길을 끈다. 패스트 패션(Fast Fashion)의 대명사로 불리는 브랜드 망고(Mango)로 유명한 인디텍스(Inditex)가 그 주인공이다. 인디텍스를 비롯한 패스트 패션 기업들이 가장 중요하게 생각하는 것은 역시 '속도'다. 이들은 옷이 기획, 디자인되고 생산 후 판매되는 일련의 과정을 극도로 빠르게 만들어 효율을 극대화하는 전략으로 태풍을 일으키고 있다. 마치 맥도날드 매장에서 주문과 거의 동시에 햄버거를 내놓듯이 옷을 만들어 팔고 있다. 하루가 다르게 변하는 패션 유행을 생각하면 이들의 전략은 시의적절한 것일 수 있다. 하지만 생산과 소비의 사이클이 빠르게 반복되기 때문에 그 과정에서 발생하는 부작용 역시 빠르게 반복될 수밖에 없다. 이를

테면 옷감을 염색하는 과정을 빠르게 하기 위해 더 강한 화학약품을 사용한다거나 면화 생산량을 늘리기 위해 유전자 조작 씨앗을 사용한다거나 하는 등의 문제가 지속된다. 또한 빠른 생산을 독촉하면서 근로자들의 작업환경이 상대적으로 소홀히 취급되기도 한다. 애플 제품을 독점적으로 생산하던 폭스콘공장에서 자살하는 종업원이 속출하면서 사회문제가 되었던 것도 그런 사례 중 하나다.

'느리게' 사회문제를
풀어가는 기업들

그런데 이런 흐름과 정반대의 모습을 보여주는 움직임도 있다. 패스트 패션과 상반되는 슬로 패션(Slow Fashion)으로 시장을 노크하는 기업들이다. 영국의 피플트리(People Tree)가 대표적인 기업인데, 공장에서 대량생산되는 재료나 물품은 사용하지 않는다. 대량생산 과정에서 발생할 수 있는 환경오염 문제를 방지하기 위해서다. 유전자 조작으로 만든 면화 씨앗을 사용하지 않고, 농약을 치지 않는 전통적 방식의 농업으로 면화를 재배하는 것도 같은 이유에서다. 또한 제품을 판매하는 과정에서 발생하는 부가가치를 공유한다. 옷을 생산하고 유통하는 과정에 참여하는 모든 사람들에게 혜택이 돌아갈 수 있도록 비즈니스를 운영하고 있다.

아마도 피플트리의 수익 구조가 인디텍스를 따라잡는 일은 일어나지 않을지 모른다. 하지만 비즈니스의 지속가능성을 확보한다는 측면에서는 기여하는 바가 클 것이다. 재료를 공급하는 지역과 피플트리의 동반 성장 노력이 여러모로 경영의 안정성을 뒷받침할 수 있기 때문이다.

슬로 패션의 흐름은 우리나라에서도 찾아볼 수 있는데, 옥수수로 만드는 양말로 유명한 콘삭스(www.cornsox.co.kr)와 버려지고 낭비되는 폐자재를 재활용한 제품을 만들고 있는 리블랭크(www.reblank.com) 등이 대표적이다.

건설업계에도 이와 유사한 움직임이 있다. 건설업은 사업의 특성상 제품의 구매가 자주 일어나지 않기 때문에 한 번의 거래에서 얻는 수익을 최대화하려고 한다. 가격을 10%만 올려도 엄청난 이익을 볼 수 있기 때문에 주택이나 건물의 매매가를 높이기 위해 안간힘을 쓴다. 문제는 일반 가정의 소득 상승률이 주택의 가격 상승률을 따라잡지 못해 갈수록 주택난이 가중된다는 것이다. 보통 사람들이 집을 장만하는 일이 요원해지면서 심각한 사회문제의 하나가 되었다. 그런데 건설업계의 오랜 관행을 깬 새로운 시도가 주목을 받고 있다. 달팽이집으로 대표되는 사회적 주택이다.

달팽이집은 시민단체인 민달팽이유니온이 세운 협동조합이 다가구주택을 임차해서 재임대하는 주거 프로그램인데, 보증금을 마련하기 어려운 청년층을 대상으로 실시하고 있다. 형편이 어려워 거처를 계속 옮기거나 쪽방과 고시원 등을 전전하는 젊은이들에게 도움을 주기 위해 시작했다고 한다. 달팽이집과 같은 사회적 주택은 토지나 자본을 많이 들이지 않고도 실현 가능한 비즈니스모델이기 때문에 청년층이나 저소득층의 주거난 해결에 유효한 대안이 될 수 있을 것으로 보인다.

나는 착한 기업에서 희망을 본다

리틀 빅 히어로,
전혀 새로운 영웅들

　　　　　　　　피플트리나 달팽이집처럼 기존과는 전혀 다른 방식의 시도들이 속속 나타나는 가운데, 전혀 새로운 영웅담들도 들려오고 있다. 색다른 아이디어로 기존의 기술들을 다르게 활용하여 단기간에 큰 부자가 된 젊은이들의 '아라비안나이트'다.

달마다 집세 걱정에 시달리던 젊은이들이 불과 몇 년 만에 엄청난 자산가가 되었다. 빈 방을 다른 사람에게 임대하면 어떨까 하는 아이디어로부터 출발한 에어비앤비(air B&B)의 이야기다. 그들의 작은 시작은 인터넷과 스마트폰의 급속한 보급과 더불어 전 세계적인 서비스로 성장했고, 사업 개시 후 7년 만에 기업 가치가 250억 달러에 달하면서 호텔업계의 강자인 힐튼그룹의 시가총액을 턱밑까지 추격할 정도가 되었다. 우버(Uber)는 간단한 회원 등록만으로 근처의 우버 차량을 손쉽게 사용할 수 있게 하는 프로그램으로, 창업 5년 만에 680억 달러의 기업 가치를 달성하여 107년 전통의 제너럴모터스(GM)를 넘어섰다.

에어비앤비와 우버처럼 과거의 성공 방식과는 전혀 다른 방식으로 놀라운 성공 스토리를 써가고 있는 새로운 영웅들의 등장은 저성장의 늪 때문에 시름이 깊은 기업가들에게 기회 창출의 가능성과 관련하여 희망적인 시사점을 제공한다. 더욱 반가운 것은 이들이 기업에 대한 오랜 고정관념까지 바꾸어놓고 있다는 사실이다. 월스트리트의 탐욕스러운 일부 금융가들과 자사의 이익만을 좇는 경영자들 탓에 기업에 대한 이미지가 여전히 부정적인 가운데, 많은 사람들이 자발적으로 참여할 수 있게 하는 비즈니스모델로 놀라운 성장을 이루고 환경과 사회문제까지 고려하는 작지만 큰 기업들의 활약이 기업의 존재를 다시 생각하게 만들고 있는 것이다. 이른바 '리틀 빅 히어로(Little Big Hero)'들이다.

스스로를 소셜 벤처로 부르는 탐스슈즈는 신발을 사면 똑같은 신발을 선물할 수 있다는 신선한 아이디어로 기업은 이익만 추구하는 냉정한 조직이라는 오랜 관념을 깨뜨리고 전 세계 소비자들의 찬사를 받으며 쾌속 성장을 이어가고 있다. 작은 식료품점으로 시작한 홀푸드(Whole Foods) 역시 소비자와 직원, 지역사회가 더불어 행복을 느낄 수 있게 한다는 핵심 가치를 일관되게 실현하여 세계적인 슈퍼마켓 체인으로 성장했다. 이 밖에도 착한 기업이라는 이미지와 진정성을 발판으로 괄목할 만한 성장을 이룬 사례는 얼마든지 찾아볼 수 있다.

좋은 기업은 더 이상 돈만 잘 버는 기업이 아니다. 사회 구성원들에게 존경과 사랑을 받는 기업이 좋은 기업이다. 그런 기업이 성장하고 장수하는 시대다. 주주의 이익만 챙기는 기업은 세상의 외면을 받아 몰락의 길을 걷게 된다. 그들이 얼마나 큰 해악을 끼칠 수 있는지를 세상이 다 알게 되었기 때문이다. 그런 의미에서 '경제적 가치'와 '사회적 가치'를 함께 추구하는 사회적기업(Social Enterprise)에 대한 관심이 어느 때보다 커지게 되었다.

3장

착한 기업이 세상을 바꾼다

사회적기업의 탄생과 딜레마

사회적기업도 기업일까?

이제는 사회적기업에 대해 아는 사람들이 제법 많아졌지만, 여전히 "사회적기업이 정확히 뭡니까?"라며 궁금해하는 이들이 있다. 사회적기업에 대한 대중적 인식이 아직은 높은 편이 아니라는 증거다. '아직도 갈 길이 멀구나' 하는 생각을 하게 된다.

"그러니까 사회적기업이 뭐냐니까요?"라는 질문을 받을 때 나는 "기업이란 무엇일까요?"라며 되묻곤 한다. 대답이 쉽게 나오지 않는다. 그나마 나오는 대답도 가지각색이다. 사전적 정의에서부터 심오한 철학을 내비치는 대답까지 다양하다. 공통점은 '기업은 지속적으로 경제적 가치(economical value)를 추구하는 조직'이라는 것이다.

사회적기업도 기업의 한 형태다. 제품이나 서비스를 제공하여 경제적 가치를 창출하는 조직이다. 일반 기업과 다른 점은 경제적 가치 창출에만 매달리지 않는다는 것이다. 가치의 비중을 경제적 가치보다 사회적 가치(social value)에 둠으로써 전체 사회의 발전에 기여하고자 한다.

전통적으로 기업들은 경제적 가치 실현을 목적으로 영리를 추구해왔다. 그에 반해 비영리기관들은 사회적 가치 실현을 위해 사회문제 해결에 주력해왔다. 자원 조달은 주로 외부에 의존했는데, 그것이 수월치 않자 별도의 수익창출 사업을 시도하게 되었다. 기업들 역시 시대의 변화에 따라 자사의 영리만이 아닌 사회적 책임을 분담하는 차원에서 사회공헌 활동에 참여하게 되었고, 그에 따라 다양한 성격과 형태를 띠게 되었다. 그 가운데서 사회적기업이 출현하게 되었으며, 경제적 가치와 사회적 가치를 동시에 추구하는 기업으로 자리매김했다. 재화와 서비스를 생산하고 판매하여 이익을 내는 조직이자 사회문제를 해결하는 조직으로 발전해왔다.

내가 CEO로 재직했던 행복나래 역시 경제적 가치보다 사회적 가치에 포커스를 맞춘 사회적기업이다. 전신인 MRO코리아를 행복나래로 전환하면서 이익을 주주들에게 환원하지 않고 다른 사회적기업들에 도

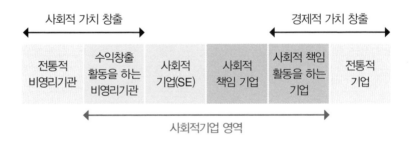

일반 기업과 사회적기업의 구분

　　　　　　　　　　　　　　　　　　　　나는 착한 기업에서 희망을 본다

움을 주는 데 사용할 수 있게 정관을 고치겠다고 대주주인 SK그룹의 계열사들을 설득했다. 일반적으로 사회적기업은 이익의 3분의 1을 주주에게 배당하지만 행복나래는 배당을 전혀 하지 않도록 정관에 명시했다. 사회적 가치 실현에 충실하겠다는 제도적 선언이었다.

이제부터 행복나래를 경영하면서 현장에서 느끼고 깨달은 이야기를 하려고 한다. 사회적기업의 가치와 가능성, 사회적기업을 둘러싼 의문과 쟁점들을 사회적기업가의 시각에서 조망하고, 실제 사회적기업의 경영에서 반드시 염두에 두어야 할 부분들을 단계별로 정리했다.

나는 사회적 가치와 경제적 가치가 따로 분리되어 있는 것이 아니라 서로 연결되어 상승작용을 일으킨다고 믿는다. 그런 의미에서 행복나래와 같은 사회적기업이 변화된 경영환경과 점점 증가하는 시대적 요구에 가장 잘 부합한다고 생각한다. 결코 이상적인 이야기가 아니다. 나의 경험이, 주변의 사례들이 말해준 사실이다. 이 책을 읽어가다 보면 '사회적 책임을 다하면서도 계속기업(going concern)으로서 지속가능성을 확보하는 것이 과연 가능한가?'라는 의문이 풀리게 될 것이다.

자선은 가난을 해결할 수 없다!

〈터미널〉은 뉴욕 존 F. 케네디공항에서 입국을 거부당한 빅터 나보스크(톰 행크스 분)가 고국으로 돌아가길 거부하고 공항에서 살아가는 이야기를 그린 영화다. 빅터는 고국으로 돌아갈 항공편을 제공해주겠다는 공항 책임자의 제안도 거절하고 공항에서 동가식서가숙을 하며 지낸다. 공항 카트에 남겨진 동전을 모아 끼니를 해결하던 그에게 어느 날 일자리가 주어진다. 빅터가 공사 현장에 놓아둔 자재로 만든 조형물을 보고 마음에 든 공사 현장 관리자가 그를 채용한 것이다. 노숙자나 다름없던 빅터가 생활의 안정을 찾았음은 물론이다. 이 영화를 보면서 일자리의 중요성을 새삼 느끼게 되었다.

최태원 SK 회장의 저서 《새로운 모색, 사회적 기업》에도 뉴욕 소재 사회적기업 도우재단이 노숙자들에게 청소 일거리를 제공하여 스스로 돈을 벌 수 있게 해주는 내용이 나온다. '스스로'라는 단어에 주목할 필요가 있다. 사람은 스스로 일해서 돈을 벌어야 온전한 생활이 가능하다. 그래서 일자리가 있어야 한다. 그런데 지금 우리 사회에는 일을 하고 싶어도 할 수 없는 사람이 많다. 특히 졸업을 하고도 취직을 못한 젊은이들이 문제다. 결혼과 출산 등으로 경력이 단절된 이른바 '경단녀'들도 마땅한 일자리를 구하기가 어려운 실정이다.

물고기를 주지 말고
낚시를 가르쳐야

　　　　　　　　　2011년 갑자기 내게 사회적기업을 만들라는 과제가 주어졌다. 처음에는 당혹스러웠다. 그 일을 맡긴 최태원 회장의 속내를 모두 알 수는 없었지만, 시간이 갈수록 참으로 감사한 과제를 맡았다는 생각을 하게 되었다. 행복나래와 거래하는 사회적기업들과 사회적기업 설립을 꿈꾸는 사람들을 만나면서 어떤 확신이 들었기 때문이다. 선한 의도를 가진 사람들이 다양한 시도를 거듭하면서 한 발짝씩 앞으로 나아가는 현장을 보는 즐거움도 크지만, 이 시대가 요구하는 새로운 기업 경영을 만들어가는 일의 가치에 대한 믿음과 자부심은 이루 말할 수가 없다. 여전히 사회적기업의 비전에 대해 회의적이거나 부정적인 인식을 가진 이들이 있지만, 하루하루 쌓여가는 작지만 의미 있는 변화들이 언젠가는 우리 사회를 한 단계 업그레이드시킬 것이라고 믿는다.

　프랑스의 문화비평가 기 소르망(Guy Sorman)은 미국의 기부문화와 박애주의를 다룬 책《세상을 바꾸는 착한 돈(Le coeur américain)》을 저술하고 중앙일보와 가진 인터뷰에서 "자선은 박애와 다르다. 자선은 가난한 사람에게 주는 것이다. 벤자민 프랭클린에 따르면 박애의 목적은 사회 시스템을 바꿔 가난을 없애는 것이다"라고 말했다. 나 역시 자선으로는 가난을 없앨 수 없다고 생각한다. 연민과 공감만으로는 청년실업 같은 사회문제들을 해결할 수 없다. 해결책은 사람들이 무언가를 하게끔 하는 것에 있다. 낚시하는 방법을 알려주는 쪽이 물고기를 주는 것보다 훨씬 효과적인 선택이기 때문이다.

미래를 위한
가장 확실한 투자는?

　　　　　　　　　행복나래와 거래하는 사회적기업들이 행복나래를 통해 자리를 잡아가고 성장하는 모습을 보면서 나는 확신하게 되었다. '하고자 하는 사람들에게 주어지는 도움의 손길이 바로 미래를 위한 투자'라는 것을 말이다. 그리고 사회적기업이야말로 커져가는 소비자들의 목소리에 호응하고, 변화된 시장의 흐름에 제대로 적응하며, 사회를 조금 더 나은 곳으로 만들 수 있는 경영모델이라는 사실을 확인하게 되었다. 기회가 닿으면 기 소르망에게 행복나래와 사회적기업의 이야기를 들려주고 싶다. 그러면 그가 이렇게 말하지 않을까?
　"당신들이 하고 있는 것이 바로 박애요."

사회적기업이 세상을 바꾼다

앞에서도 언급했지만, 사회적기업이 등장하게 된 배경에는 날로 심각해지고 있는 사회문제들이 존재한다. 실업, 양극화, 복지, 주거, 환경오염 같은 문제들이 사회적기업 탄생의 산파 역할을 했다고 할 수 있다.

1997년 IMF 외환위기에 이어 2008년 세계 금융위기로 대다수의 기업들이 구조조정을 단행하면서 수많은 사람들이 일자리를 잃었다. 급기야 2009년 3월에는 실업자 수가 100만 명을 넘어섰다. 그 여파는 대단했다. 가정 경제가 파탄난 것은 물론, 개인과 기업, 국가의 연결고리가 끊어지면서 이른바 고용 없는 성장(jobless growth) 시대를 맞이하게되었다.

실업과 고용 없는 성장이 심각한 사회문제로 떠오른 한편으로 경제양극화 현상이 문제의 심각성을 더하고 있다. '조물주 위에 건물주'라는 우스갯소리가 그냥 웃고 넘길 수 있는 수준이 아니다. 어렵사리 자리를 잡은 음식점이 계약 기간을 연장하지 않겠다는 건물주에 가로막혀 막대한 타격을 입는 일이 비일비재하다. 으레 지급하는 권리금마저 법적 보호를 받을 수 없고, 보증금을 수천만 원씩 올려달라는 요구에도 대응할 방법이 없다. 이에 대해 정부가 보증금이나 월세 인상의 상한선을 두는 등의 대책을 강구하고 있지만 근본적인 해결책은 아니다. 건물주와 임차인 사이의 문제에 정부가 나서서 일일이 해결하려는 것도 현실적이지 못하다. 실업 문제에서도 정부의 역할은 제한적일 수밖에 없고 해결 방안도 효과적이지 못한 경우가 많다.

이런 딜레마 속에서 등장한 해법이 사회적기업이다. 사회문제를 기업 차원에서 해결하려는 노력으로, 실업이나 복지 등의 문제를 '시장의 문제'로 접근해보자는 것이다. 영국, 일본, 스페인, 프랑스와 같은 나라들에서는 이러한 사회적기업의 효과가 현실적으로 검증되고 있다. 우리 정부 또한 "사회적기업이 실업과 양극화 문제 해결에 중요하며, 다양한 방법으로 사회적기업의 활성화를 지원할 것"이라면서 사회적기업을 사회문제 해결의 주체로 인정하고 있다. 이에 따라 2007년 7월부터 '사회적기업 육성법 제정 및 사회적기업 인증제도'를 시행하고 있으며, 국회에서도 사회적기업을 지원하기 위한 기본법 등을 마련하는 등 범국가적인 노력을 기울이고 있다.

나는 착한 기업에서 희망을 본다

사회적기업이 일으키는
4가지 효과

사회적기업을 통해 사회문제를 해결하려는 노력에서 우리는 크게 4가지 효과를 기대할 수 있다. '지속가능한 일자리 제공', '지역사회의 활성화', '사회 서비스의 확충', '윤리적 시장 확산' 등이다.

첫 번째 효과인 '지속가능한 일자리 제공'은 사회적기업을 통해 노동 시장의 취약계층인 노인, 중장년층 퇴직자, 청년미취업자, 경력 단절 여성 등에게 가용한 일자리를 제공할 수 있다는 것이다. 노숙자들의 자활을 돕기 위해 발행되는 매거진 〈빅이슈(The Big Issue)〉가 좋은 예다. 이 잡지는 다양한 분야의 사람들로부터 기부받은 재능을 주요 자산으로 삼아 발행되고 있다. 권당 5,000원짜리 잡지를 판매하는 사람들은 모두 노숙자인데, 빨간 조끼를 입고 〈빅이슈〉 한 권을 팔 때마다 판매가의 절반인 2,500원이 판매자의 몫으로 주어진다. 〈빅이슈〉는 영국에서 빈곤 문제를 해결하기 위한 하나의 방법으로 발행되기 시작했는데, 국내에서는 '거리의 천사들'이라는 노숙인 봉사단체가 사업권을 얻어 발행하고 있다. 발행처인 빅이슈코리아는 판매인들이 번 돈을 허투루 써버리지 않도록 세심하게 관리하고 있으며, 정부로부터 사회적기업 인증도 받았다.

사회적기업의 일자리 창출이 과연 지속가능한가에 대해 의문을 가질 수도 있을 것이다. 행복나래 초창기에는 나조차도 이런 의문을 갖고 있었다. 사회적기업의 취지는 훌륭하지만 외부 지원 없이도 독립적으로 운영해나가기는 어려울 것이라는 생각도 했다. 또 제품이나 서비스의 질이 일반 기업들에 비해 떨어질 것이라고 넘겨짚기도 했다. 그런데 아니었다.

미국 프로야구 메이저리그(MLB)에 공식 모자가 있는데, 우리나라 기업이 만들고 있다. 야구뿐 아니라 농구, 미식축구도 마찬가지다. 영안실업을 비롯한 국내 기업들이 세계 모자 시장의 30%를 장악하고 있다. 어지간한 실력으로는 살아남기 힘든 시장이 바로 국내 모자 시장이다. 이런 시장에서 내로라하는 기업들에 절대 기죽지 않는 사회적기업이 있다. 사회적기업에 대한 나의 편견을 여지없이 깨뜨려준 동천모자다. 이곳에서 장애인들이 모자를 생산하고 있는데, 품질이 다른 곳보다 못할 것이라는 나의 편견은 서울시 노원구에 위치한 동천을 방문하면서 이내 무너졌다. 백화점이나 일반 점포에서 구매할 수 있는 모자들에 비해

≫ 동천에서 일하는 장애인 직원들의 모습

나는 착한 기업에서 희망을 본다

오히려 더 나으면 나았지 전혀 뒤지지 않았다. 놀라서 그 이유를 물었더니 장애인들의 남다른 집중력이 품질을 높이는 데 결정적으로 작용했다고 알려주었다. 내 눈으로는 아무리 봐도 보이지 않는 미세한 하자까지 동천의 직원들은 귀신같이 잡아낸다. 고도의 집중력이 고품질의 모자를 만들어내고 있는 것이다.

동천을 방문한 후로 나는 사회적기업의 가능성에 대해 더욱 확신을 가질 수 있었다. '지속가능한 일자리 제공'이라는 기대 효과가 충분히 현실적임을 직접 확인했기 때문이다.

작은 항구 묵호는
어떻게 부활했을까?

사회적기업에 대한 두 번째 기대 효과는 '지역사회 활성화'와 '사회적 투자 확충을 통한 지역경제의 발전' 등이다. 사회적기업 또는 선량한 개인이 지역사회의 활성화에 기여한 사례는 우리 주변에서 쉽게 찾아볼 수 있다.

오징어로 유명한 묵호는 강릉과 삼척 사이에 위치한 작은 항구 도시다. 그런데 동해의 수온이 상승하면서 오징어 떼가 다른 곳으로 이동하는 바람에 예전의 활기를 잃고 말았다. 생선을 사러 오는 사람들도 줄어들고 관광객들의 발길도 뜸해졌다. 쇠락해가는 묵호를 되살리기 위한 방안들을 고민하던 중 지역의 젊은 예술가들과 지자체가 힘을 모아 시작한 것이 '논골담길 벽화 마을'이었다. 묵호항 어판장 건너편의 야트

막한 산에 옹기종기 들어선 낡고 작은 집들의 벽에 그림을 그려 넣자는 것이었다. 사람들이 하나둘 떠나면서 폐허처럼 변해버린 마을이 다채로운 그림으로 새 단장을 하면서 변화가 찾아왔다. 좋은 풍경을 사진에 담고 싶어 하는 사람들의 발걸음이 잦아지고, 그들이 올린 사진이 인터넷에 올라가고, TV드라마의 배경으로 세상에 알려지면서 명소가 되어갔다. 논골담길 한쪽 예쁘게 자리한 집에는 '상속자 박신혜가 살던 집'이라는 작은 팻말이 붙었고 가이드북을 든 중국인 관광객들이 이 집을 배경으로 사진을 찍는 모습이 흔해졌다. '논골담길 벽화 마을'이라는 작은 프로젝트가 묵호 전체에 다시 활기를 불어넣은 것이다.

묵호와 가까운 도시 강릉의 스토리는 더 극적이다. 그 시작은 말 그대로 우연이었다. 아무런 연고도 없었지만 그저 좋아서 강릉에 자리를 잡게 된 어느 커피 장인이 스토리의 시작이다. 그는 1980~1990년대에 고대생들이 주로 찾던 커피숍 '보헤미안 커피'의 주인장 박이추 씨로, 어느 날 갑자기 경포대 북쪽의 바닷가 작은 언덕 위로 터를 옮긴다. 그가 직접 추출하는 커피 맛이 그만이라는 소문이 퍼지고, 커피집 주인이 우리나라 커피 1세대를 대표하는 '1서 3박(서정달, 박이추, 박상홍, 박원준)'의 한 사람이라는 사실이 알려지면서 전국에서 커피 애호가들이 몰려들기 시작했고 강릉은 일약 커피 도시로 부상하게 되었다.

이야기는 여기서 끝나지 않는다. 보헤미안 커피가 회자될 무렵 또 다른 한 명의 커피 장인이 강릉에 커피 공장을 연 것이다. 그 주인공은 은행원 출신의 김용덕 대표로, 커피에 매료되어 연구와 실험을 거듭한 끝에 이곳 강릉에 테라로사를 세우게 되었다고 한다. 좁은 시골길을

나는 착한 기업에서 희망을 본다

≫ 강릉을 커피 도시로 바꾼 보헤미안

따라 한참 들어가면 나타나는 외진 숲속에 위치한 테라로사는 평일에
도 차를 세워둘 곳이 없을 정도로 사람들로 북적인다. 덕분에 여름철
한때 놀러오는 피서객들에 의존했던 강릉의 상권은 사시사철 즐거운
비명을 지르고 있다.

교육을 살리는 '행복한학교'

　　　　　　　　　　　　사회적기업을 통한 세 번째 기대 효과
는 '사회 서비스의 확충'이다. 국가가 주도하거나 특정 시기에 기업이나
유명인의 기부와 후원에 의존했던 사회 서비스가 사회적기업들에 의해
활성화된다는 것이다. SK그룹이 운영하는 '행복한학교재단'이 좋은 예

다. 이 재단은 방과후학교 위탁운영사업을 하는 사회적기업으로, 교육 문제를 해결하고 강사들에게 안정적 일자리를 제공하기 위해 설립되었다. 현재 서울, 부산, 대구, 울산 등 4개 지역의 지자체, 교육청과 연계하여 성공적으로 운영하고 있다. 공교육의 내실화와 사교육비 절감이라는 사회적 가치를 실현하겠다는 행복한학교의 취지는 그동안 정부나 지자체의 몫으로만 여겨졌던 교육 서비스 분야에서도 사회적기업의 역할을 기대할 수 있는 모범적 사례가 되고 있다.

사회적기업을 통해 기대할 수 있는 네 번째 효과는 '기업의 사회공헌과 윤리적 경영문화의 확산'이다. 나는 영리 기업인 MRO코리아를 행복나래로 전환하면서 경영의 제1 목표를 주주이익의 실현에서 이익의 사회 환원과 사회적기업의 육성 및 지원으로 변경한 것을 자랑스럽게 생각한다. 행복나래는 처음부터 사회적기업들을 지원하여 상생할 수 있는 기반을 구축하는 것을 사명으로 삼았고, 육성사업을 통해 사회적기업들의 경쟁력을 제고하는 데 집중했다. 그 결과, 사회적기업들의 매출 신장과 더불어 취약계층의 고용 증대 효과를 낳을 수 있었다. 전북 고창군에 위치한 떡생산업체 사임당푸드는 2013년 3명이던 취약계층 고용을 2014년 10명까지 늘렸고, 경기도 파주시에 위치한 가구생산업체 동연디자인은 2014년의 15명에서 2015년에는 18명으로 확대했다. 행복나래 외에도 취약계층의 사람들에게 안정적인 일자리를 제공하는 사회적기업들이 곳곳에 많이 있다. 기업의 사회공헌을 모범적으로 실천하는 주인공들이다.

나는 착한 기업에서 희망을 본다

우량 기업과 착한 기업,
어디에 투자할까?

사회적기업이 어떤 시대적 배경에서 탄생했고, 그것을 통해 어떤 효과를 기대할 수 있는지, 그리고 사회적기업들이 어떻게 활동하고 있는지를 살펴보았다. 이쯤에서 사람들이 궁금해할 중요한 질문 하나를 던져보자.

'착한 기업은 과연 성공적인가?'

사회적기업은 사회적 가치 실현에 무게중심을 두고 있기는 하지만, 엄연한 '기업'이기 때문에 경제적 가치 또한 가볍게 취급할 수 없음은 재론의 여지가 없다. 지속가능성 측면에서도 그렇다. 그런데 실제는 어떨까? 사람들은 사회적기업 등 이른바 착한 기업들이 달라진 소비자들의 요구인 고용 안정, 상생, 친환경과 같은 가치에 부응하고 있다는 점은 인정하지만, 이들 기업이 스스로의 능력으로 지속가능한 경영을 펼쳐나갈 수 있을까에 대해서는 반신반의한다. 과연 경제적 가치를 실현하는 '계속기업'으로 존재할 수 있을까? 정부 보조금이나 노리는 존재들이라는 일부의 비판이 틀렸다는 것을 숫자로 증명할 수 있을까?

대답은 '예스(yes)'다. 이미 흑자로 전환한 행복나래를 예로 들면 '대기업 계열사이니까 그럴 수 있다'는 말이 나올 수 있으니 제외하고, 아래의 자료를 살펴보자.

2008년 펜실베이니아대 와튼스쿨에서 소비자들로부터 '사랑받는 기업'과 S&P500 리스트에 올라 있는 기업에 투자했을 때 어느 정도의 투자수익률을 거두었는지를 비교한 자료를 발표했다. 3년간(2003~2006)의 성적표를 보면, 사랑받는 기업에 투자한 경우 73%의 수익을 거두었고 다른 쪽은 38%였다. 사랑받는 기업들이 우량한 기업들보다 약 2배에 가까운 수익률을 보였다는 사실을 알 수 있다. 장기적 관점에서 양자를 비교한 결과는 더 놀랍다. 5년간(2001~2006)의 투자수익률 차이는 거의 10배에 달했다. 사랑받는 기업에 투자한 투자자는 128%의 누적수익률을 기록한 반면, 다른 기업에 투자한 투자자는 13%로 오히려 누적수익률이 줄어들었다. 10년으로 기간을 늘려보면 '착한 기업은 성공적인가?'라는 질문에 내가 왜 Yes라고 대답했는지를 확연히 알게 된다. 사랑받는 기업이 10년간(1996~2006) 거둔 누적수익률은 1,026%에 달했다. 그에 비해 다른 기업들은 122%의 수익률을 기록했다. 즉, 9배 정도의 차이를 보였다. 우량한 기업보다 사랑받는 기업의 투자 가치가 높다는 사실을 확인할 수 있다.

주주의 이익 극대화가 아니라 모든 이해관계자의 참여와 이익을 중시하는 사랑받는 기업이야말로 장기적으로 더욱 매력 있는 투자처다.

　　　　　　　　　　　　　　나는 착한 기업에서 희망을 본다

소비자들이 환호를 보내는 기업은 충분히 성공적이다.

영업이익률 40%,
아라빈드 안과병원의 성공 비결

사회적기업을 포함한 착한 기업들이 충분히 성공적이라는 사실을 알았다면, 이번에는 좀 더 노골적인 질문을 해보자.

'과연 착한 기업은 스스로의 힘으로 지속가능할 만큼의 이익을 낼 수 있는가?'

이 질문에 Yes라고 답하기보다 아예 질문 자체를 무색하게 만드는 예를 들어보겠다. 아라빈드(Aravind) 안과병원이다.

인도의 작은 도시 마두라이에 위치한 아라빈드 안과병원은 사회적기업이 사회적 가치 실현이라는 본래의 목표는 물론 지속가능한 수준의 재무적 가치를 실현할 수 있음을 보여주는 모범적인 사례다. 또한 사회적기업도 기업인만큼 비즈니스모델에 대한 고민과 연구가 반드시 필요한데, 그런 면에서도 아라빈드 안과병원은 매우 경이로운 존재다.

이 병원은 매년 310만 명을 진료하고, 37만 건의 수술을 실시한다. 24시간 계속되는 진료와 수술에는 교대로 근무하는 의료진이 투입된다. 마치 토요타의 칸반 시스템(Kanban System)처럼 아주 정교하고 원활하게 운영된다. 칸반은 우리말의 간판으로, 칸반 시스템은 슈퍼마켓 진열장에서 재고가 바닥날 때쯤 즉각 물건을 채워넣는 것에서 힌트를 얻어 시작되었다고 한다. 토요타는 이 시스템을 활용하여 각 생산라인의 부품을 필요할 때 필요한 만큼만 공급하는 'JIT(JUST IN TIME)'를 시행하게 되었다. 아라빈드 안과병원도 이와 같은 효율적 운영을 바탕으로 수술 환자의 3분의 2에게 무료 수술 혜택을 제공하고 있다. 인도인들의 안과질환을 모두 해결한다는 병원 설립 목표를 현실화하고 있는 것이다.

경영 혁신 측면에서 아라빈드 안과병원은 생산성의 극대화를 통해 사회적 가치의 실현과 함께 영업이익률 40%라는 놀라운 성과를 이루어내고 있다. 생산성의 극대화는 공정의 표준화와 대량생산 시스템의 도입 덕분이다. 병원을 방문하는 환자의 70~80%가 백내장 환자여서 수술 과정을 하나의 프로세스로 표준화시켜 속도와 품질 모두를 잡을 수 있었다. 대량생산 시스템은 동선 설계를 통해 수술에 투입되는 의사와 간호사들이 효율적으로 수술을 계속할 수 있게 만든 것인데, 4개의 수술대가 놓여 있는 수술실은 의사가 하나의 수술을 마치면 몸을 돌려 바로 다른 수술대의 환자를 수술할 수 있게 설계되어 있다. 또한 24시간 개방하여 환자들이 밤늦게 방문해도 진료와 수술을 받을 수 있도록 하고 있다. 같은 질환에 대한 수술을 거듭하면서 축적된 수술 능력은 세계 최고 수준을 자랑한다. 여기에 훌륭한 IT 기술과 영어 능력이 더해져 전 세계의 병원과 연구소로부터 영상 판독 의뢰가 쇄도한다. 최고의 실력에다 판독 비용이 미국의 10분의 1에 지나지 않기 때문이다. 아라빈드 안과병원은 이렇게 끊임없는 경영 혁신과 비즈니스모델 발굴로 영업이익률 40%라는 놀라운 실적을 보여주고 있다.

기업을 비정한 존재로 보는 시각은 현대 경영학의 시작이라고 하는 테일러(F. W. Taylor)의 '과학적 관리법'에서 비롯되었다고 볼 수 있다. 효율성 제고를 위해 '어떻게 하면 종업원들의 생산성을 극대화할 수 있을까?'에 대한 연구에서 나온 결과였기 때문이다. 오늘날의 경영 혁신도 본질적으로는 이와 다르지 않은 모습을 보여준다. 하지만 아라빈드 안과병원의 사례는 예외적이다. 경영 혁신이 종업원을 도구화하는 '비정한' 노력이 아니라 가난한 환자들에게 힘이 되어주는 사회적 가치의 실현에 기여한다는 면에서 귀감이 되고 있다.

투자 시장의 새로운 희망
'임팩트 투자'

사회적기업과 같은 착한 기업들이 '재무적으로도 성공할 수 있는가?'라는 질문에 대한 또 하나의 긍정적인 신호는 임팩트 투자(impact investment)다. 임팩트 투자를 통해서 착한 기업들이 사업 전개에 필요한 자본을 조달할 수 있기 때문이다.

임팩트 투자에서 말하는 임팩트(impact)는 장기적으로 지속되는 효과라는 의미로 사용되는데, 사회가 어떻게 긍정적으로 변화했는지에 주목하는 개념이다. 예를 들어보자. 보통 사회적 가치 실현과 관련된 프로그램은 운영 횟수와 참여 인원을 산출(output), 이 산출을 통해 학습된 지식과 변화된 행동을 결과(outcome)로 놓고 프로그램의 성과를 측정한다. 그에 비해 임팩트는 단기적인 결과보다 거시적이고 장기적인 효과에 중점을 둔 개념이다. 교육에 참가한 사람들에게 긍정적인 효과를 보였더라도 다른 사람들에게 부정적인 영향이 발생했다면 긍정적인 임팩트를 가져오지 못한 것이다. 정리하면 임팩트 투자란 사회·환경적 가치를 창출하면서도 추가적인 수익을 동시에 추구하는 투자 행위를 말한다. 참고로 사회혁신투자컨설팅기업인 MYSC 김정태 대표의 글을 소개한다.

"임팩트 투자라는 개념에 대해 대략 2가지 정도의 정의가 있는데, '원금과 추가적인 수익을 기대하는 규모 있는 자본투자'라는 것과 '재무적 이익과 더불어 긍정적인 사회·환경적인 임팩트도 달성하는 자본투자'라는 JP모건의 정의가 있다. 어느 쪽의 견해를 따르든 임팩트 투자는 사회·환경적 영향과 재무적 성과를 동시에 추구한다는 점은 명확하다. 자본시장을 통해서 사회문제를 해결해보자는, 개별적으로는 익숙하지만 획기적인 발상의 전환이 바로 임팩트 투자인 것이다. 지금까지 투자자들의 주된 관심 분야가 아니었던 쪽의 사업에도 임팩트 투자를 통한 자금 조달이 가능할 것으로 보인다. 농업, 주거 및 커뮤니티 서비스, 금융 분야와 보건, 환경, 에너지 분야의 사회적기업들에 큰 도움이 될 수 있을 것으로 생각한다."

임팩트 투자가 비슷한 의미인 사회책임투자(socially responsible invest-ment)와 다른 점은 사회책임투자가 상장 기업을 대상으로 한다는 것이다. 자본시장에 편입된 기업들 중에서 사회·환경적인 가치를 창출하는 기업에 투자하는 것이 사회책임투자다. 상장된 기업들인 만큼 어느 정도의 규모를 갖고 있다. 반면 임팩트 투자는 피투자 기업의 규모나 자

나는 착한 기업에서 희망을 본다

본시장 편입 여부에는 구애를 받지 않는다. 그리고 사회책임투자가 나쁜 기업을 피하고 착한 기업에 투자하는 다소 소극적인 방법론이라면, 임팩트 투자는 장기적 관점으로 접근하는 능동적인 방법론이라고 할 수 있다. 그렇기 때문에 임팩트 투자자들은 피투자 기업이 사회·환경적인 임팩트를 얼마나 창출하고 그것을 얼마나 지속, 확대할 수 있는가에 관심을 갖는다.

임팩트 투자는 수익을 추구한다는 점에서 아무런 조건이 없는 기부(charity)와 다르고, 추가 수익을 기대한다는 점에서 융자(loan)와도 다르다. 또한 피투자 기업의 지분을 인수한다는 점에서 마이크로 크레디트(micro credit. 빈민과 저소득층을 대상으로 하는 무담보소액대출제도)와도 차이를 보인다.

'환경 파괴범' 다우케미칼의
탁월한 선택

착한 기업의 성공은 마인드를 바꾸는 것만으로도 가능하다는 점에서 희망적이다. '환경보호는 자선사업 아니다'라는 도발적이면서도 흥미로운 기사의 일부를 소개한다(조선일보, 2015. 9. 19).

세계 최대 화학기업인 다우케미칼(Dow Chemical)은 그린피스 같은 환경단체들의 단골 표적이다. 유독(有毒) 화학물질 배출로 환경을 오염시키고 인명까지 앗아간다는 이유에서다. 다우케미칼이 환경오염의 주범이라는 꼬리표를 서서히 떼어내기 시작한 것은 1990년대 중반부터다. 다우케미칼은 1995년 미국 텍사스주 시드리프트에 있는 공장에 하수처리 설비를 확충해야 했다. 기존 방식대로라면 4,000만 달러(약 470억 원)를 들여 하수처리장을 새로 지어야 했겠지만, 다우케미칼은 하수처리장 대신 공장 옆에 습지를 만들었다. 2년여의 시간이 흐른 후 이 습지는 '하수처리'라는 원래 목적을 수행하는 동시에 야생 동식물의 서식지로 자리 잡았다. 습지 조성에 들어간 비용은 140만 달러에 불과했다. 다우케미칼은 습지 프로젝트를 통해 2억 8,200만 달러의 이익을 본 것으로 추산했다.

다우케미칼은 2011년에는 미국 최대 환경단체인 국제자연보호협회(The Nature Conservancy, TNC)와 손잡았다. TNC와 함께 텍사스주 프리포트 산업단지에서 숲 가꾸기, 담수 공급 관리 등의 프로젝트를 진행하면서 자연이 제공하는 가치를 더 세밀하게 평가해보기 위해서다. 환경이나 자연을 보호하자는 말이 '자선사업'을 넘어 기업의 '이익'과 직결될 수 있는 것일까?

경제학에 따르면 환경은 지키려고 노력하는 사람과 그에 따른 이익이 돌아가는 사람이 반드시 같지 않기 때문에 대부분 무임승차를 하려는 기업이나 사람이 많은 특수한 분야다. 그러나 마크 터섹(Mark Tercek) TNC 최고경영자(CEO)는 환경이 개별 기업의 이익과 연결된다고 주장한다. 그는 "다우케미칼이 시드리프트 공장에 습지를 만들기로 한 것은 단순히 규제를 따라야 한다거나, 특정 자원에 대한 의존도가 높아서가 아니라, 경영진이 사업에 더 이롭다는 결론을 얻었기 때문이다"라고 말한다. 기업과 자연의 윈윈(win-win)이라고 할 수 있다.

다우케미칼의 사례는 마인드를 바꾸면 얼마든지 사회적 가치와 경제적 가치를 동시에 추구할 수 있다는 사실을 생생하게 보여준다. 사회적 기업에 뜻을 두고 있는 사람이라면 곰곰이 생각해볼 가치가 있다.

성공하는 사회적기업들의 비밀,
선(善)의 생태계

나 하나 꽃 피어

풀밭이 달라지겠느냐고

말하지 말아라

네가 꽃 피고 나도 꽃 피면

결국 풀밭이 온통

꽃밭이 되는 것 아니겠느냐

- 조동화, '나 하나 꽃 피어' 중에서

내가 좋아하는 조동화 시인의 '나 하나 꽃 피어'라는 시의 일부다. 행복나래를 경영하면서 사람들을 만날 때마다 사회적기업의 역할과 가능성에 대해 역설했지만, 한편으로는 보이지 않는 벽에 가로막히는 듯한

나는 착한 기업에서 희망을 본다

느낌을 받곤 했던 것도 사실이다. 사회적기업이 착한 기업이고 사회에 긍정적 기여를 하는 것이 분명하지만 여전히 낯설고 성과도 금방 드러나지 않기 때문에 현실적인 어려움이 많다는 것을 느끼곤 했다. 그럴 때마다 이 시를 떠올리고는 마음을 다잡았다.

나 하나 꽃 피운다고 뭐가 달라지겠느냐고 할 수 있지만, 그런 작은 꽃 송이 하나하나가 모이면 풀밭이 온통 아름다운 꽃천지로 바뀌게 된다. 혼자의 힘은 비록 작을지 몰라도 같은 곳을 바라보는 여럿의 힘은 단순한 합 이상의 놀라운 위력을 발휘한다. SK에서는 이를 'SUPEX(Super Excellent)'라고 부른다.

사회적기업이 사회문제 해결의 실질적 대안이 되려면 먼저 하나의 생태계를 형성할 필요가 있다. 참여한 하나하나의 사회적기업이 서로에게 도움이 되는 존재가 되고 그러한 교류를 통해 전체가 성장할 수 있는 선(善)의 생태계를 만들어야 한다. 스티브 잡스가 프로그램 개발에 참여한 사람들과 관련 회사들이 윈윈할 수 있는 생태계를 만들어 놀라운 성공 스토리를 써낸 것처럼 말이다.

객관적인 환경이 열악함에도 큰 성공을 거둔 역사 속 이야기에서 사회적기업들의 생태계가 어떤 모습이어야 하는지에 대한 인사이트를 얻어보도록 하자.

작은 도시 베네치아
600년 번영의 원동력

이탈리아의 수상 도시 베네치아(베니스)는 수많은 관광객들의 발길이 끊이지 않는 곳이다. 이 도시에는 유명한 것이 너무 많다. 셰익스피어의 작품《베니스의 상인》을 비롯하여 관광객들이 꼭 타보고 싶어 하는 작은 보트 곤돌라, 르네상스 시대를 대표하는 건축 산 마르코 광장이 대표적이다. 하지만 이 작은 도시에서 우리가 더 관심을 갖고 살펴보아야 할 것이 있는데, '콜레간차'라는 제도다. 《로마인 이야기》의 저자 시오노 나나미가 베네치아의 역사에 대해 쓴 책《바다의 도시 이야기》에도 나오지만, 콜레간차는 변변한 자원도 비옥한 영토도 없는 베네치아가 600년 가까이 번영을 이루고 지속적으로 성장할 수 있었던 원동력이었다.

콜레간차는 오늘날로 말하면 일종의 펀드나 융자제도라고 할 수 있다. 베네치아에서는 가진 것이라고는 몸뚱이뿐인 뱃사람도 이 콜레간차를 통해서 큰돈을 벌 수 있는 기회를 잡았다. 배의 선장이 재력가 앞에서 기죽지 않고 당당히 돈을 투자하라고 말할 수 있었던 배경도 콜레간차였다. 재력가 역시 바다 건너 미지의 땅에서 벌어들일 수 있는 돈을 위해 유능한 선장과 선원들이 필요했던 것이다.

시오노 나나미가 묘사한 콜레간차의 모습은 이렇다. 바다 너머에 향신료와 금은보화가 가득한 곳이 있다는 정보가 나돌기 시작한다. 큰돈을 벌 기회인 만큼 재력가나 선장, 선원 모두 관심을 보이지만, 미지의 땅을 향한 모험인지라 위험도 크고 자본도 필요한 대형 프로젝트라서

나는 착한 기업에서 희망을 본다

다들 망설인다. 전형적인 고위험 고수익 사업인 셈이다. 제아무리 돈이 많은 사람이라 해도 혼자 추진하기에는 부담이 될 수밖에 없는 상황에서 콜레간차의 원리가 작동된다. 재력가가 돈을 대고 선장과 선원이 프로젝트를 실행에 옮긴 다음 발생한 수익을 약속한 비율대로 나눠 갖는 것이다. 물론 선장이나 선원도 돈을 내고 수익 배분 때 자기 몫을 챙길 수 있다. 예를 들어 재력가가 3분의 2를, 나머지 3분의 1을 선장과 선원이 냈다면 그 비율에 맞게 수익을 배분하는 것이다. 다시 말해서 재력가는 투자자이고, 선장은 펀드운용사나 투자회사의 경영자가 되는 것이다.

그런데 콜레간차는 선장이 1명 이상의 재력가와 거래하여 효과를 극대화할 수도 있다. 다수의 재력가를 참여시켜 규모를 키우고 더 많은 수익을 낼 수 있다. 수익 배분 조건은 계약하기 나름이다. 과거의 실적이 좋고 항해 능력을 인정받은 선장이라면 좀 더 유리한 조건으로 계약할 수 있다. 재력가들의 입장에서는 위험 부담을 줄일 수 있다는 장점이 있다. 이렇게 베네치아에서는 이미 현대적인 금융 원리가 작동하고 있었다. 또한 콜레간차에서는 돈을 낼 수 없는 가난한 선원들에게도 혜택이 주어졌다. 항해를 통해 물품을 들여오고 판매할 수 있는 권리를 부여하여 이익을 취할 수 있게 했으며, 선원들의 권익을 보호하기 위해 항해 중의 중요한 의사결정 과정에 선원 대표가 참여할 수 있게 만들었다. 이렇게 되면 선원들도 자신의 능력을 십분 발휘할 수밖에 없게 된다. 이처럼 콜레간차는 많은 사람들의 투자와 참여가 가능한 장치로 효과를 극대화할 수 있었다.

베네치아는 시간이 갈수록 돈을 벌려는 꿈에 부푼 사람들로 더욱 북적이게 되었다. 항해가 거듭될수록 상업과 무역이 번성하면서 자본과 물품이 더 많이 모이고 유통되는 선순환의 고리가 만들어졌다. 가진 것이 없었던 베네치아가 수백 년이라는 기간 동안 지속적으로 번영할 수 있었던 비결이다.

사회적기업을
'계속기업'으로 만들려면

베네치아의 역사는 현재의 사회적기업들에도 시사하는 바가 크다. 사회적기업은 자본과 인력 등 경영에 필요한 자원이 부족하고 이를 단기간에 보충하기도 현실적으로 어렵다. 하지만 그럼에도 불구하고 경영을 계속해나가야 한다. 기업이기 때문이다. 게다가 '그냥' 기업이 아니라 '계속기업(going concern)'이기 때문이다. 기업을 가리키는 용어로 컴퍼니(company), 엔터프라이즈(enterprise) 등 여러 가지가 있지만, 사회적기업가들은 항시 계속기업을 염두에 두어야 한다. 어려운 여건을 딛고 남다른 경영 활동을 통해 수익을 창출하고 고용을 확대하면서 지속적으로 성장, 발전해나가야 하는 존재이기 때문이다. 그런 의미에서 콜레간차와 같은 제도를 참고하여 새로운 공동 번영의 생태계를 만들어 베네치아처럼 희망을 안고 찾아드는 사람들로 활기를 띨 수 있게 해야 한다. 성공적 항해를 목표로 남보다 바닷길을 잘 읽는 항해사, 적은 재료로도 맛있는 음식을 내놓는 요리사 등 각각

나는 착한 기업에서 희망을 본다

의 분야에서 강점을 가진 사람들이 베네치아로 속속 모여들어 일종의 연합체를 형성한 것처럼, 사회적기업 또한 사회적 가치 실현이라는 목표를 중심으로 다양한 기능들이 유기적으로 결합된 클러스터(cluster)로 거듭나야 한다.

사회적기업은 어떻게 지속가능한가

　베네치아와 콜레간차가 오늘의 사회적기업들에 귀감이 될 수 있는 이유는 분명하다. 항해라는 공동의 목표를 위해 기꺼이 손을 잡은 사람들 간에 이루어진 협업 방식이 사회적기업에도 매우 유효하기 때문이고, 콜레간차라는 제도가 원활하고 공정하게 작동할 수 있도록 뒷받침한 베네치아의 통치 방식에서도 배울 점이 많기 때문이다.

　사회적기업 육성법이 만들어진 후로 약 10년의 시간이 흘렀지만, 우리 사회와 시장에서 사회적기업들이 제대로 자리를 잡았다고 보기에는 미흡한 점이 적지 않다. 가장 큰 원인은 사회적기업 경영에 필요한 자원을 갖추지 못한 데 있다. 이를 해결하는 현실적이고도 효과적인 방법은 베네치아에서 그랬던 것처럼 사회적기업들 간의 긴밀한 협업이다. 공동의 목표를 향해 항해를 하듯 사회적기업들끼리 부족한 부분을 상호 보충해주고 장점을 공유하면서 함께 나아갈 수 있어야 한다. 사회적

　　　　　　　　　　　　　나는 착한 기업에서 희망을 본다

기업 자체가 다양한 기능을 결합한 하나의 클러스터로 존재하는 동시에 긴밀한 네트워킹을 통해 사회적기업들이 커다란 클러스트를 형성하여 협업의 체계를 이루어야 한다. 행복나래가 사회적기업의 판로 개척이나 마케팅 활동을 지원하면서 곳곳에 산재한 각각의 사회적기업을 네트워크로 묶기 위해 꾸준한 노력을 기울여왔던 이유가 여기에 있다. 사회적기업들이 클러스터를 형성하게 되면 부족한 경영 자원을 상호 보충하는 효과를 거둘 수 있기 때문이다. 사회적기업가들에게 훌륭한 네트워킹 역량이 요구되는 것은 말할 나위도 없다. 따라서 우리는 협업의 장을 활성화하는 차원에서 클러스터에 대해 더 많이 연구할 필요가 있다.

지속가능성을 보여준 삿포로 SI 클러스터와 완주CB센터

여기서 2011년 2월 '사회적기업 한일포럼'에서 발표된 삿포로 SI 클러스터와 완주 CB센터의 사례를 소개한다(조우석 소기업발전소 연구원, '사회적기업, 톱니바퀴가 필요해' 참조). 사회적기업들 간 협업이나 대학들과의 산학협동, 그리고 정부·지자체 등과의 협업이 사회적기업들의 성공적인 정착과 발전에 어떤 영향을 미치는지에 대한 귀중한 참고가 될 수 있기 때문이다.

이 포럼에서 연사로 나선 오무로 노부요시 교토산업대 교수는 홋카이도에 위치한 도시 삿포로의 SI(Social Innovation) 클러스터에 대해 발표했는데, 날로 쇠퇴해가는 지역 경제를 살리기 위한 다양한 노력과 성과를 엿볼 수 있다. 일본의 최북단에 있는 홋카이도는 전통적으로 맥주와 관광산업 그리고 수산업에 의존하고 있었다. 그러던 지역 경제가 20여 년간 지속된 장기 불황의 여파로 하락세를 보이면서 무언가 돌파구가 절실한 상황이 되었다. 각종 지역 단체와 비영리단체들로부터 여러 대안들이 제시되었고 그 과정에서 삿포로 SI 클러스터가 탄생했다. 지역 경제 활성화를 목표로 사회적기업들이 중심이 되어 대학과 연구기관, 지방정부가 손을 맞잡고 적극적인 활동을 전개하기 시작했고, 주민들도 우호적인 반응을 보여 SI 클러스터는 홋카이도 그린펀드에 50억 엔의 펀드를 조성할 정도로 성과를 거두고 있다. 지역 경제를 살리는 협업의 장을 성공적으로 구축한 것이다.

삿포로 SI 클러스터의 사례에 이어 발표된 완주 CB(Community Business)센터 역시 클러스터의 의미를 되새겨준다. 발표자인 김창환 사무국장은 전북 완주의 CB센터가 지역의 최대 현안인 농산촌 지역 활성화 문제를 해결하기 위한 노력들 중 하나라는 점을 설명하면서 '씨줄과 날줄이 교차하는 파트너십'이라는 표현을 써가며 지자체와 민간 전문가들의 협력관계의 중요성을 강조했다. 완주군은 지역 경제에 활력을 불어넣고 지속가능한 발전을 가능하게 한다는 목표 아래 500억 원의 예산을 들여 5개년 계획의 약속 프로젝트를 마련하고 지역경제순환센터를 열어 각계의 민간 전문가들과 함께 사업을 펼치고 있다. 삿포로가 홋카이도 그린펀드를 중심으로 지역 내 조직들을 아우르는 클러스터로 주목할 만한 성과를 내고 있듯이, 완주 CB센터 또한 지자체가 중심이 된 폭넓은 협력 네트워크로 의미 있는 프로젝트를 완성해나가고 있다.

나는 착한 기업에서 희망을 본다

클러스터 모델은 현재의 사회적기업들에 아주 좋은 현실적 대안이 될 수 있다. 역사적으로는 베네치아에서, 현재의 시점에서는 삿포로와 완주군의 사례에서 알 수 있듯이 클러스터를 통해 경영의 현안을 해결하는 것은 물론 기대 이상의 효과를 거둘 수 있다.

이쯤에서 사회적기업가들에게 가장 시급한 문제인 경영 자금 이야기를 잠깐 해보자. 이 문제 역시 베네치아의 콜레간차와 유사한 방법으로 해결할 수 있다. 대표적으로 크라우드펀딩(crowd funding)을 들 수 있다. 불특정 다수의 대중(crowd)과 자금을 모으는 방법(fundraising)의 합성어인 크라우드펀딩은 사람들로부터 필요한 자본을 모아 사업을 전개하고 거기서 나온 수익을 배분하는 방식으로, 텀블벅(www.tumblbug.com)과 와디즈(www.wadiz.kr) 같은 사이트가 잘 알려져 있다. 은행을 포함한 제도권 금융기관에서 자금을 구하는 것이 현실적으로 불가능한 사회적기업이나 스타트업에 요긴한 자금 확보처가 되고 있다. 오큘러스(Occulus)나 페블테크놀로지(Pebble Technology) 등의 유명 IT기업들도 이와 같은 크라우드펀딩을 통해 자금을 마련했다.

핵심 역량과 사회공헌 활동을 연계하라

사회적기업들은 성공보다 생존을 우선시해야 한다. 성공은 시장에 안착하고 난 후의 일이기 때문이기도 하지만, 사회적기업의 경영 여건이 열악한 것이 현실이기 때문이다. 사회적기업의 취지에 대한 관심과 공감대가 커지고 크라우드펀딩과 같은 금융 제도들이 속속 등장하고 있음에도 불구하고, 그것만으로는 생존을 보장받을 수 없기 때문이다. 게다가 시장에서 경쟁을 벌여야 하는 일반 기업들에 비해 인력과 자본, 기술 등 거의 모든 측면에서 열세에 놓여 있다. 따라서 다른 무엇보다 지속가능성을 보장할 수 있는 역량을 하루빨리 확보할 필요가 있다. "사회공헌 활동이 해당 기업의 핵심 역량 및 비즈니스모델과 긴밀히 연계되어야 맞다"고 한 클라우스 슈밥(Klaus Schwab) 세계경제포럼(WEF) 회장의 말도 같은 맥락이다. 그런데 어디서 그런 역량을 확보할 수 있는가. 모든 것이 열악한 상황을 어떻게 극복할 수 있단 말인가.

나는 행복나래를 경영하는 동안 국내외 사회적기업들의 성공과 실패 사례를 접하고 연구하면서 갖게 된 확신이 있다. 앞에서도 잠깐 이야기한 협업의 중요성이다. 협업은 사회적기업의 젖줄과도 같다. 사회적기업이 자신에게 부족한 경영 요소들을 보충할 수 있는 방법도, 모든 것이 어려운 상황에서 지속가능성을 담보할 수 있는 묘수도 협업에 있기 때문이다. 따라서 사회적기업가들은 상품 개발이나 판로 개척 등에 필요한 자원 확보나 기업을 유지하기 위한 조건들에 대해 홀로 고민하거나 노력하지 말고 협업을 통해 보다 효과적으로 대처할 수 있는 안목과 지혜를 가져야 한다. 먼저 사회적기업들 간의 협업에 적극적이어야 한다. 저마다의 핵심 역량을 바탕으로 협업의 시너지를 창출함으로써 각자의 경쟁력을 한층 제고할 수 있어야 한다. '빨리 가려면 혼자서 가고, 멀리 가려면 함께 가라'는 아프리카의 속담은 그런 면에서 우리 사회적기업

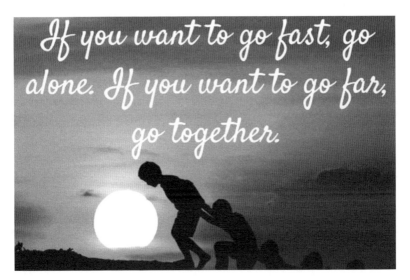

If you want to go fast, go alone. If you want to go far, go together.

≫— 멀리 가려면 함께 가라

가들에게 귀중한 조언이 될 수 있다. 다행히 사회적으로도 협업에 대한 인식이 개선되고 있으며, 사회적기업들의 협업 분위기 조성을 위한 노력들이 이어지고 있다.

사회적기업이 어려운 경영환경을 극복하고 중장기적 발전과 자립 기반을 스스로 확보할 수 있는 구체적인 방법론에 대해서는 국내외적으로 다양한 실험과 모색이 있었는데, 가장 중요한 점은 비즈니스적 접근 방식이다. 비즈니스 마인드와 그에 맞는 방법을 가지고 해결하고자 하는 사회문제들을 경제적 수요로 전환시킬 필요가 있다는 것이다. 물론 그 과정에서 협업은 필수적이다. 나는 이와 같은 방식이 충분히 성공할 수 있으며 비용 대비 효과가 뛰어나다는 사실을 행복나래를 경영하면서 확신할 수 있었다. 다만, 사회적기업들 간의 협업만으로는 한계가 있으므로 정부와 지자체, 대기업, 학교, 각종 사회단체 등과의 협업에도 보다 힘을 기울일 필요가 있다. 이를 위한 컨트롤타워 구축과 대기업들의 프로보노(Pro Bono. 전문가들이 각자의 전문성을 활용하여 사회적 약자와 소외계층을 돕는 활동)와의 연계도 필요하다.

나는 착한 기업에서 희망을 본다

사회적 가치를 실현하는 최선의 방법

사회적기업이 사회적 가치의 실현이라는 좋은 취지로 시작되었다는 사실에 토를 다는 사람은 거의 없다. 하지만 사회적기업이 어떻게 운영되어야 하는가에 관한 세부 내용으로 들어가면 견해 차이가 분명하게 나타난다. 이를 대표하는 것이 '오미디야르 모델'과 '유누스 모델'이다. 두 모델은 사회적기업의 목표인 사회적 가치를 보다 효율적으로 실현하기 위해 어떤 방법을 택할 것인가에서 입장을 달리한다.

오미디야르 모델이냐, 유누스 모델이냐

이베이의 창업자이자 자선사업가인 피에르 오미디야르(Pierre Omidyar)는 적극적인 방법을 주장한다. 그는 이베이의 상장으로 갖게 된 엄청난 재산을 자선사업 등에 사용하다가 자신이 직접 뛰어들게 되었다. 비영리단체들이 본연의 업무보다 기부금을 모으는 일에 더 많은 시간을 쏟고 있는 모습을 보고 뛰어들 결심을 했다고 한다. 또한 기존의 사회적기업에 자신의 벤처 마인드를 도입할 필요가 있다고 판단했다.

그는 골방에서 시작하여 거대한 IT기업을 일군 경영자답게 사회적기업에도 영리 기업의 경영 방식을 적극 도입해야 한다고 말한다. 좋은 취지에도 불구하고 현실적으로 자본이나 경험, 인력 등이 취약하므로 보다 적극적으로 투자를 유치하고 운영하여 조직의 기반을 다져야 한다고 보기 때문이다. 물론 그는 투자자에게도 적정 수준의 투자 수익을 제공해야 한다고 말한다. 일반적인 자선이나 기부와 달리 사회적 가치를 실현하면서도 수익까지 얻을 수 있다는 데 사회적기업의 매력이 있어 투자를 하게 되는 것이고, 사회적기업 역시 이를 통해 더 많은 효과를 거둘 수 있다고 믿기 때문이다. 한마디로 오미디야르의 생각은 사회적기업에도 본격적인 기업 마인드가 필요하며, 사회적 가치의 실현을 보다 현실적이고 빠른 시일 내에 달성하려면 외부로부터의 투자 유치에 적극 나서야 한다는 것이다. 그렇다고 단기적인 성과에 초점을 맞추라는 이야기는 아니다. 그의 관심은 장기적인 성과와 지속가능성의 확보에 있다. 그런 면에서 오미디야르의 관점은 임팩트 투자와 일맥상통하는 면이 있다.

반면에 그라민은행의 창시자 무하마드 유누스(Muhammad Yunus) 박사는 오미디야르의 모델이 일으킬 수 있는 부작용을 우려한다. 사회적기업이 투자자에게 수익을 돌려주기 위해 노력하다 보면 사회적 가치의 실현이라는 당초의 목표가 뒷전으로 밀릴 수 있다고 보기 때문이다. 그는 사회적기업에 필요한 재원 조달은 일반 기업들의 CSR 자금이나 기부금만으로도 가능하다고 말한다. 또한 조달된 재원은 투자자 배당이 아니라 기업에 재투자하거나 취약계층의 문제 해결에 사용되어야 한다고 주장한다.

뉴욕의 한 자선단체가 주최한 행사장에서 오미디야르와 유누스 박사가 작은 논쟁을 벌였다는 소식이 전해지기도 했는데, 2가지 모델 중 어느 쪽이 나은가를 따지는 것은 그리 현명해 보이지 않는다. 같은 목표를 달성하기 위한 다른 길이기 때문이다. 중요한 것은 어디까지나 사회적 가치의 실현에 집중하는 것이다.

알고 보면 두 모델의 차이는 '가능성'의 문제에서 비롯된 것이다. 부작용의 발생 가능성에 대한 염려가 다른 데서 서로 다른 모델을 추구하게 된 것이다. 오미디야르는 사회적기업의 활성화를 위해서는 아직 발생하지도 않은 부작용을 걱정하기보다 기업가 정신을 발휘하여 경영의 내실을 기하면서 사회문제를 해결하자는 쪽인데, 보다 현실적이고 실질적이라는 생각이 든다. 사회적기업이 궁극적으로 달성하고자 하는 목표가 사회적 가치의 실현이고, 그것을 보다 광범위한 차원에서 달성하는 방법으로 선한 비즈니스 생태계를 구성하는 것이 좀 더 효과적이라고 여기기 때문이다.

사회적기업의 설립 취지를 유지한다는 전제하에 보다 적극적으로 기업 경영과 금융 투자의 장점을 도입하자는 목소리가 점차 높아지는 가운데, 임팩트 비즈니스(impact business)에 대한 관심이 높아지고 있다. 〈DBR(Dong-A Business Review)〉(2011. 8. 24)에 실린 '경제적·사회적 가치 모두 생산하는 임팩트 비즈니스가 온다'라는 기사에 따르면, 임팩트 비즈니스는 '경제적 가치의 생산은 기업, 사회적 가치의 생산은 비영리기업과 기부라는 이분법적 사고에서 벗어나 양자 간 공유가치(shared value)를 기반으로 하는 새로운 기업 패러다임'이다. 기업들이 의무적으로 행하던 CSR 활동을 비용이라고 여긴 과거의 관점에서 벗어나 기업의 본질적인 영역에 관한 투자 활동의 일종이라는 인식의 전환과 함께 적극적인 CSV 활동에 나서고 있는 현실에 임팩트 비즈니스는 잘 부합한다. 대표적인 예로 시스코(Cisco)를 꼽을 수 있다. 네트워크 장비와 솔루션을 공급하는 이 회사는 1997년부터 UN, 지역 NGO, 대학 등과의 협력을 통해 저개발 국가의 일반인들을 교육하는 '시스코 네트워킹 아카데미' 프로그램을 운영하고 있다. 2만여 명에 달하는 강사들이 학생들의 효과적인 학습을 도와주고 있으며, 3만여 개 정도의 정보가 올라와 있는 구인·구직 사이트를 별도로 관리하고 있다. 정보와 기술로부터 소외된 지역의 사람들에게 교육 서비스를 제공하는 이 같은 시스코의 아카데미사업은 잠재적 소비자와 교육된 인적자원을 구축하여 회사가 장기적으로 성공할 수 있는 기반이 될 뿐만 아니라, 해당 지역사회에 새로운 일자리를 창출하고 삶의 질을 높여나가는 계기를 만들었다. 실제로 수강생의 50%가 새 직장을 얻었고, 진급이나 더 나은 직장으로의 이직까지 포함하면 70%에 이른다고 한다. 이와 같은 시스코 이야기는 임팩트 비즈니스의 대표적 성공 사례로 꼽힌다.

사회적기업을 둘러싼 논쟁들

유누스 박사와 오미디야르의 논쟁으로 대표되는 사회적기업을 둘러싼 논쟁은 여전히 계속되고 있다. 사회적기업이 사회문제 해결의 현실적 방안이 될 수 있다, 없다에서부터 투자 유치와 이익 배분과 관련한 의견도 분분하다. 심지어 '사회적기업은 사회주의로 가려는 음모'라는 주장까지 가세해 사람들을 곤혹스럽게 하기도 한다.

사회적기업을 둘러싼 그간의 논쟁들을 정리하면 크게 3가지 정도로 요약할 수 있다.

첫째는 사회적기업이 사회문제 해결의 현실적 대안이 될 수 있느냐 없느냐에 대한 논쟁이다. 2014년 7월 15일 〈뉴욕타임스〉에 '기업이 선한 행동을 하도록 동기부여하기(Motivating Corporations to Do Good)'라는 칼럼이 실렸다. 경제 칼럼니스트인 에두아르도 포터(Eduardo Porter)가 쓴 것으로, 과거 코닥과 포드자동차 등에서 일어났던 몇 가지 일들을 예로 들면서 이윤 추구에 대한 동기가 '좋은 행동'을 하도록 만드는 동기보다 크기 때문에 결국 사회문제의 해결에서 기업의 역할은 본질적으로 한정적일 수밖에 없다고 주장했다. 그러나 이런 주장은 기업을 지나치게 평면적으로 이해한 것이다. 이윤 추구가 강한 동기로 작용하는 것은 부인할 수 없지만, 기업이 시장과 동떨어질 수 없는 존재라는 사실을 외면하고 있기 때문이다. 간혹 시장이 원하지 않는 제품과 서비스를 출시하는 기업이 없지 않지만, 장기적으로는 시장이 원하는 방향으로 수렴할 수밖에 없다. 그런데 시장이 기업들에 사회문제의 해결을 위해 제 역할을 다하라고 분명히 요구하고 있다. 착한 기업이나 사회적 기업에 대한 시장의 호응도 날로 증가하고 있다. 즉, 시장이 그것을 원하고 있는 것이다. 이에 따라 사회적 가치의 실현에 관심을 갖는 기업들이 많아졌는데, 이는 억지로 등을 떠밀려서가 아니라 사회공헌 활동이 새로운 시장 기회의 창출과 핵심 사업의 추진 등에 큰 영향을 미친다는 것을 잘 알기 때문이다. 사회적기업을 현실적 대안으로 인식하고 있다는 이야기다.

둘째는 사회적기업이 사회주의로 가기 위한 음모인가에 대한 논쟁이다. 사회적기업을 경영했던 사람으로서 분명히 '아니오'라고 말할 수 있다. 사회적기업은 영리를 추구하는 일반 기업과 달리 사회적 가치의 실현에 더 큰 비중을 두고 있을 뿐이기 때문이다. '우리가 선한 목적으로 사업을 하고 있으니 재산을 기부하라'고 압박하는 사회적기업도 없을 뿐더러 그럴 수도 없는 세상이다. 그냥 '사회적'이라는 용어 때문에 나타난 과민 반응 정도로 생각하면 좋겠다.

셋째는 유누스 박사와 오미디야르의 차이와 같은 것으로, 사회적 가치 실현의 방법론을 둘러싼 논쟁이다. 다양한 주장이 있지만, 지향점이 같고 기업이 사회문제 해결에 기여할 수 있다고 믿는다는 면에서 걱정할 일은 아니라고 본다. 사회적 가치 실현이라는 목표에 도달하기 위한 방법론상의 차이이기 때문에 어느 쪽이 옳고 그르다고 할 수도 없다. 유누스 박사도 오미디야르의 주장이 틀렸다고 반박하지 않는다. 단지 기업 경영 마인드로 투자를 적극적으로 유치하는 과정에서 일어날 수 있는 문제점을 지적하고 있는 것이다.

나는 착한 기업에서 희망을 본다

정리하면, 사회적기업과 관련한 논쟁들은 배타적이라기보다 상호 보완적인 측면이 강하다고 볼 수 있다. 관점이나 방법상의 다름을 인정하고 서로에게 배우면서 공동의 목표를 향해 나아간다면 결국에는 같은 정상에서 자연스럽게 만날 수 있을 것이다. 사회적기업이 보다 효과적인 경영으로 시장에서 일반 기업들과의 경쟁에서 승리하는 사례가 지속적으로 나타난다면 사회적기업을 둘러싼 위의 논쟁들도 발전적으로 수렴될 것으로 보인다.

모기장은 어떻게
나누어주는 것이 좋을까?

사회적기업의 경영에서 비용과 효율을 따지는 투자 마인드의 필요성과 관련하여 생각해볼 만한 사례가 있다. 말라리아 방지용 모기장의 배포 문제를 둘러싸고 논란이 일었던 적이 있다.

비영리조직과 사회적기업의
효용 비교

사회적 투자를 전문적으로 하는 어큐먼 펀드(Acumen Fund)는 아프리카의 저소득층에게 말라리아 방지용 모기장을 어떻게 나누어주는 것이 좋은가를 놓고 논란이 일자 2가지 경우를 놓고 분석에 들어갔다. 비영리조직과 사회적기업 중 어느 쪽이 비용 대비 효과가 높은지를 알아보았다. 비영리조직인 자선단체를 통해 모기장을 무료로 배포한 경우와 모기장을 생산하여 판매하는 사회적 기업에 투자한 경우로 나누어 분석한 결과, 사회적기업에 투자한 쪽이 더 성과가 좋다는 사실이 밝혀졌다. 자선단체는 단순히 저소득층에게 구입한 모기장을 전달하는 정도에 그쳤는데, 사람들은 무료로 받는 물건의 소중함을 느끼지 못하는 것 같았고, 모기장은 얼마 안 가 무용지물이 되어버렸다. 반면에 사회적기업은 제품의 경쟁력을 위해 더 나은 모기장을 만들려고 노력했고, 그렇게 해서 생산된 양질의 모기장은 사람들로부터 좋은 반응을 얻었음은 물론, 소매상들의 손을 거쳐 곳곳으로 팔려나가게 되었다.

사회문제 해결은
시장 지향적으로

아무리 선한 목적을 가진 제품이라 해도 다른 제품에 비해 품질이 떨어진다는 인식이 생기면 사람들로부터 좋은 평가를 받을 수 없다. 어큐먼 펀드를 설립한 재클린 노보그라츠(Jacqueline Novogratz)는 자신이 쓴 책 《블루 스웨터(The Blue Sweater)》에서 이렇게 말한다.

"시장 지향적인 아이디어와 접근 방식을 갖고서 해당 지역의 문제들을 해결할 수 있는 비전과 능력을 지닌 사업가들을 발굴하고, 양성하는 게 중요하다."

인도주의적 발상과 시장 지향형 접근이 적절히 조화를 이루어야 한다는 말이다. 그래야만 사회적기업이 영리사업의 경제적 가치와 자선사업의 사회적 가치를 결합하여 효율적 경영을 계속해나갈 수 있기 때문이다. 모기장 배포와 관련한 논란과 분석 결과는 우리에게 사회문제의 해결과 사회적 가치의 실현에서 이윤 추구라는 기업 경영의 원리를 도입할 만한 현실적 의미가 충분함을 확인시켜준다.

지금까지 사회적기업이 이 시대의 거대한 변화에 부응할 수 있는 적절한 해법이 될 수 있음을 살펴보았다. 그리고 모범적인 사회적기업들이 사회적 가치라는 선한 목표를 달성함과 동시에 지속가능성을 담보할 수 있는 재무적 가치 또한 훌륭히 창출하고 있다는 사실도 확인할 수 있었다. 사회적기업이 다양하고 복잡한 사회문제를 해결하는 효과적인 대안이 되기 위해서는 무엇보다 선한 의도를 가진 사람들이 자발적으로 참여할 수 있는 생태계를 형성하고, 사회적기업들 간의 원활한 네트워크 구축을 통한 협업이 필수라는 점도 알 수 있었다.

이제는 기업 경영이라는 측면에서 사회적기업은 어떻게 경영해야 하는지, 사회적기업가란 어떤 사람이고 어떤 자질과 능력이 필요한지에 대해 알아보도록 하자.

4장

가치를 경영하라

사회적기업의 성공 조건

어느 사회적기업가의 고민

선의(善意)와 현실 사이

사람들이 원하는 건
사회적기업이 아니다?

스토리텔링 전략과 소셜마케팅 서비스를 제공하는 차칸네트워크의 진실한 대표는 얼마 전 큰 충격을 받았다. 한동안 공을 들여왔던 한 재래시장의 리노베이션 프로젝트가 무산되고 말았기 때문이다. 다른 회사와 계약하게 된 조합장이 "이거 참 미안하게 되었네"라고 말하면서 어쩔 줄 몰라 하는 목소리에도 충격은 가시질 않았다. 그만큼 공을 많이 들인 일이었던 것이다.

재래시장은 손님이 줄어들면서 문을 닫는 점포가 속출하고 있었지만 뾰족한 해결책을 찾지 못한 채 전전긍긍하고 있던 터였다. 모두가 나몰라라 하는 이곳에 큰 관심과 애정을 가지고 도움이 되고자 했던 진 대표였다. 프로젝트를 맡아 돈을 벌어보겠다는 욕심이 아니라 '다시 시장이 살아나 상인들이 웃음을 찾았으면 좋겠다'는 생각으로 시작한 일이었다. 큰돈이 드는 리노베이션이 아니라 간판과 진열대를 보기 좋게 재정비하고 손님들을 끌어들일 수 있는 여러 아이디어와 이벤트를 기획해서 어렵사리 시장 상인들의 공감을 이끌어낼 수 있었다. 군청의 협조를 얻어내기까지의 과정도 순탄치 않았다. 그렇게 어렵사리 동의와 약속을 받아내어 이제 막 프로젝트를 시작하려던 참이었는데, 갑자기 계약을 못하겠다니 도무지 이해할 수 없었다.

며칠 후, 지나다가 들렀다면서 군청 담당자가 불쑥 사무실로 찾아와서는 "진 사장이 화딱지 날 만하다는 거 다들 알고 있어. 고생 많이 했지. 그런데 상인들 입장도 이해해줬으면 해. 내가 그냥 모른 척하고 있기가 미안해서 차나 한잔 하려고 찾아온 거야"라고 말하는 것이었다. 진실한 대표가 시장 상인들과 군청을 상대로 프로젝트 설명회를 마치고 얼마 지나지 않아 어떤 사람이 찾아왔다면서 "그 사람이 진 사장하고 똑같은 얘기를 하더라"며 자신도 돕고 싶다고 말하더란다. 그는 진 대표와 비슷한 일을 하는 사람이었는데, 수용할 수밖에 없는 제안을 했다고 한다. 무료로, 재능 기부를 통해 돈을 받지 않고 프로젝트를 진행하겠다는 것이었다.

"진 사장 모르게 우리끼리 고민 많이 했어. 그래도 의리라는 게 있는데 진 대표와 해야 하지 않겠냐는 의견도 많았어. 그런데 우리 지자체가 워낙 돈이 없잖아. 그래서 그렇게 된 거야. 미안해."

진 대표는 상인들과 군청에서도 고민을 많이 했다는 말에 "어쩔 수 없지요. 돈 벌려고 시작한 것도 아니니까 좋은 결과 있기를 바랍니다"

라고 말하며 씁쓸히 웃었다.

현실에서 충분히 만날 수 있는 상황을 가상으로 만들어보았다. 그동안 사회적기업들을 만나오면서 느낀 점들이 많았다. 사회적기업가들은 열악한 환경에서도 선한 의도를 가지고 자신의 사업에 무한한 자부심을 느끼며 열심히 일하고 있다. 충분히 박수 받아 마땅한 일이다. 하지만 시장은 냉정하다. 선한 의도를 알아주고 도와주는 이해심 충만한 곳이 아니다. 그래서 사회적기업가들에게 좋은 뜻을 유지하는 것만큼이나 중요한 것이 시장의 현실에서 자신의 사업을 객관적으로 바라볼 줄 아는 냉철한 시각을 잃지 않는 것이다. 지금 당장 사람들이 보내주는 관심과 박수에서 한 발짝 떨어져서 시장과 소비자들이 진정으로 원하는 것이 무엇인지 진지하게 살펴볼 필요가 있다. 아마도 그들이 원하는 것은 사회적 가치의 실현이지 사회적기업 그 자체는 아니라는 사실을 알게 될 것이다.

진실한 대표가 맞닥뜨린 상황에서도 짐작할 수 있듯이 시장은 언제나 자신에게 유리한 조건을 선택하게 되어 있다. 결과에 차이가 없다면 당연히 비용이 덜 들어가는 편을 선호한다. 얼마간이라도 '비용을 들여야 하는' 진실한 대표의 제안보다 '무료인 재능 기부'를 좋아하게 마련이다. 그게 엄연한 현실이다. 그래서 사회적기업가들은 경영과 시장의 본질에 대해 더 많이 공부하고, 제품과 서비스가 본질적 경쟁력을 확보할 수 있도록 더 노력해야 한다.

또한 시장은 끊임없이 변해가는 곳이다. 방심은 금물이다. 레이디얼 타이어의 등장에 코웃음을 치다가 몰락해간 애크런의 거인들처럼 시장에서는 누구도 예외 없이 변화의 희생양이 될 수 있다. 선의로 사회적 기업을 시작했다가 제대로 피어보지도 못하고 시들어가는 신세가 되지 않으려면 일반 기업의 CEO들과 같은 고민을 안고 살아야 한다. 아니, 그 이상으로 고민해야 한다. '창가에서 담배를 피우는 것이 휴식이면 직원이고, 업무면 CEO'라는 말이 있다. CEO라면 누구나 공감할 것이다. 기업 경영은 그런 것이다.

과연 올바른 방향으로
가고 있는가?

"미안해서 어쩌지?"라며 안타까워했던 동아리 선배의 입대 환송회에서 눈물을 흘리고 말았다. 선배를 떠나보내는 마음이 슬퍼서 그런 것이 아니었다. 졸지에 길거리에 나앉게 생긴 내 처지 때문이었다. 선배가 입대할 거라는 이야기를 들었을 때부터 방값 걱정 없이 지내던 시절도 끝났구나 하는 생각을 했지만, 그것이 당장 내일부터 현실이 된다는 사실이 마음을 무겁게 짓눌렀다. 벼룩시장에서 산 만 원짜리 비키니 옷장을 버리는 것도 돈이 드는 서울에서 나 같은 가난한 시골 출신의 고학생이 방을 구하기란 결코 쉬운 일이 아니니까. 그리고 보니 한 달에 10만 원씩 내겠다는 약속을 지켰던 적도 거의 없었던 것 같다. 학창 시절의 나는 좋은 후배도, 성실한 세입자도 아니었다.

나는 착한 기업에서 희망을 본다

내가 '셰어하우스'라는 아이디어로 사회적기업을 시작한 것은 그때의 나처럼 가난한 학생들이 지낼 곳 걱정 없이 마음 편하게 공부할 수 있도록 해주고 싶어서였다. 참 고맙고 다행스럽게도 내 아이디어에 호응해주고 도와주는 분들이 제법 많았다. 그중에서도 "여기에서 그 일 한번 해보게"라며 큰 호의를 베풀어주신 건물주 조은표 사장님 덕분에 상가 건물 한 층을 셰어하우스로 바꾸어 사업을 시작할 수 있었다.

셰어하우스는 단박에 인기를 끌었다. 인테리어라고 해봐야 인터넷에서 본뜬 몇 가지와 예쁜 색의 페인트칠 정도였는데 말이다. 아마도 보증금이나 월세가 학교 근처의 다른 방들에 비해 15만 원 정도 저렴했기 때문이었으리라. "그게 먹힐까?"라며 걱정하는 이들도 있었지만, 나는 처음부터 어느 정도 확신하는 부분이 있었다. 하루에 5,000원을 아낄 수 있는 기회가 가난한 고학생들에게는 얼마나 큰 혜택인지 경험적으로 알고 있었기 때문이다. 셰어하우스는 시작한 지 일주일이 안 되어 첫 세입자를 맞았고, 채 몇 달이 지나지 않아 조 사장님의 5층 상가 전체를 셰어하우스로 개조할 만큼 잘되었다.

학교 신문에 기사가 실리고, 인터넷 카페에서 글을 퍼가면서 셰어하우스 소식이 널리 퍼지게 되었고, "젊은 학생이 참 기특한 생각을 했다"며 주머니에 만 원짜리를 찔러 넣어준 기자님까지 나타났다. 물론 그 돈은 나와 친구들의 푸짐한 반찬으로 바뀌었다. 그리고 급기야 방송에도 출연했다. 나를 알아보는 사람들이 생기고, 부시장님으로부터 전화가 오고, 무슨무슨 단체에서 "한번 와주십사" 하는 요청 전화도 받을 만큼 나는 금세 인생역전의 주인공이 되었다. "인터넷에 네 이름을 치면 사회적기업 CEO라고 뜬다"는 지인들의 이야기도 수없이 들었다. 사람 팔자는 아무도 모른다더니 내가 꼭 그런 케이스였다. 나도 모르는 자부심이 부풀어 오르는 느낌이었다. 그 댓글을 읽기 전까지는.

얼마 전 학생들에게 멘토링 강의를 해주고 돌아가던 택시 안에서 기사 검색을 하다가 그 댓글을 읽었다.

"지가 들어가려고 한 거지 사업은 무슨."

조 사장님 건물에 마련한 셰어하우스에 첫 번째로 입주한 사람이 나인 건 사실이었다. 그렇다고 나를 위해서 사업을 벌인 건 아니었다. 맹세할 수 있다. 사적인 이익을 취하려고 사회적기업을 시작한 것이 아니었다. 그런데 그렇게 생각하지 않는 사람들도 있는 모양이었다. 재댓글이 달렸다.

"맞아, 꼭 좋은 건 지가 먼저 챙겨요."

고민스러웠다. 사회적기업을 만든 이유가 무엇이었는지, 내가 그런 오해를 받을 만큼 잘못한 것인지, 마음이 복잡했다. 화가 났다가 누군가에게 죄송스러운 마음이 들기도 했다. "그냥 업종 변경해. 부동산 임대업으로"라는 귀엣말도 떠올랐다. '그렇게 하면 더 많이 벌 수 있겠지? 오해도 안 받고' 하는 생각이 하루에도 몇 번씩 들었다. 혼란스러웠다. 나는 과연 지금 올바른 방향으로 가고 있는가?

가상의 이야기이지만 실제로도 사회적기업의 CEO들은 여러모로 힘들다. 경쟁력을 갖추기도 힘겨운데, 종종 가치와 현실의 괴리 때문에 갈등에 휩싸인다. 딜레마다. 안 돼도 문제고 잘 돼도 의심의 눈총을 받기 일쑤다. 그런 분들을 볼 때마다 안타깝고 도와주고 싶은 마음이 간절하다. 그래도 힘을 내라고 말해주고 싶다.

모든 성공과 실패는
'이것'으로부터 시작된다

경영 마인드

입지전적인 두 대기업이 오랜 기간 격렬하게 맞붙어온 시장이 있다. 가전업계의 라이벌 삼성전자와 LG전자가 자웅을 다투는 냉장고 시장이다. 두 회사는 냉장고 시장에서 여러 측면으로 길고 긴 싸움을 계속해왔다. 오존층을 파괴한다는 프레온가스를 냉매로 쓰지 않는 것으로도 경쟁을 했고, 냉기가 얼마나 골고루 전달되는가로도 양보 없는 싸움을 벌였다. 유명한 아티스트와의 컬래버레이션(collaboration)을 통한 디자인으로도 승부를 겨루었다. '실제 용량은 우리가 더 크다'며 상대방 제품에 물을 부어 비교하는 일까지 있었다.

오랜 경쟁으로 두 회사의 기술 수준은 가히 세계 최고가 되었다. 다른 회사들이 감히 넘볼 수조차 없을 정도다. 세계 시장을 주름잡던 일본 제품들을 물리치고, 냉장고를 발명한 미국 브랜드들이 설 자리를 잃게 만들었다. 불과 30~40년 전, 냉장고 제조 기술을 얻기 위해 갖은 고

나는 착한 기업에서 희망을 본다

생을 했던 사실을 생각하면 실로 놀라운 성취가 아닐 수 없다. 대한민국의 거의 모든 가정에 냉장고가 보급될 수 있었던 것도 두 회사 덕분이었다.

삼성과 LG의 냉장고 경쟁, 최종 승자는 만도?

　　　　　　　　그런데 냉장고 시장에서 최종 승자는 두 회사가 아니었다. 이제 두 회사의 마지막 승부밖에 남지 않았다고 여겨질 정도로 냉장고 시장이 포화 상태에 이르렀을 무렵, 고객들이 손을 들어준 것은 삼성이나 LG가 아니라 '김치냉장고'라는 새로운 개념의 시장을 창출한 만도였다.

시장은 승자를 기다리지 않는다. 경쟁에서 누가 승리하는가에는 관심이 없다. 있다 해도 잠시일 뿐이다. 시장은 오로지 원하는 것을 들어주는 쪽에 편승한다. 고객들이 원하는 숨은 욕구를 정확히 찾아내어 충족시킨 만도가 냉장고 시장의 새로운 승자가 될 수 있었던 것도 그런 이유에서다. 아무도 몰랐다. 심지어 고객들조차 김치냉장고의 필요성을 인식하지 못했다. 오직 만도만이 아무도 발견하지 못했던 니즈를 파악하여 김치냉장고를 선보임으로써 냉장고 시장의 블루오션을 개척하고 새로운 주인이 될 수 있었다. 뒤늦게 삼성과 LG가 부랴부랴 뛰어들었지만 고객들에게는 후발주자 그 이상도 이하도 아니었다. 결코 두 회사의 기술이 부족해서가 아니었다. 단 하나, 경쟁에 몰두한 나머지 시장의 다른 면을 보지 못한 탓이다. 성공한 기업들이 흔히 범하는 실수다.

기업 경영은 시장에서 시작하여 시장에서 끝난다. 성공과 실패도 마찬가지다. 시장은 살아서 움직이는 생명체다. 그런데도 기업가들은 곧잘 시장을 외면한다. 시장을 다 안다고 착각한다. 모든 실패가 여기서부터 비롯된다.

사회적기업가들이
반드시 유념해야 할 것들

지난 5년간 행복나래를 경영하면서 사회적기업가들이 경영자로서 반드시 유념해야 할 사항에 대해 나름대로 정리한 것이 있다. 간략히 소개하면 다음과 같다.

- 고객 지향 마인드를 가져라.
- 구체적인 비전과 확고한 사명을 가져라.
- 성과를 극대화하라.
- 진출하고자 하는 시장에 대한 전문성을 갖추어라.
- 사회적기업도 기업이므로 경영 마인드를 가져라.
- 사회적기업가는 자원 동원 능력을 가져야 한다.
- 네트워킹을 통해 협업의 가치를 높여라.
- 시장은 항상 변하므로 위기의식을 가져라.
- 취급하는 제품의 품질과 가격 경쟁력을 갖추어라.

언제나 중요한 것은 시장이 무엇을 원하는가다. 그런 의미에서 사토 요시노리의 책 《드릴을 팔려면 구멍을 팔아라》에서 강조한 '가치'를 항상 되새길 필요가 있다. '이 정도면 살 만하지 않아?'라고 자문하기보다 '사람들이 이걸 왜 구매하려고 할까?'를 고민해야 한다는 것이다. '일반 드릴보다는 해머 드릴이 더 잘 팔리겠지? 기능을 추가해보자'라고 생각하는 것도 좋지만, 고객이 드릴을 필요로 하는 근본적인 이유를 고찰할 수 있어야 한다. 관점을 이동시켜 고객에 맞는 해법을 제시할 줄 알아야 한다. 예를 들어 고객이 새로 산 커튼을 달기 위해 커튼봉을 벽에 부착하려고 드릴을 찾는다면 드릴보다 강력한 성능의 산업용 접착제를 권하는 것이 더 나을 수 있다.

지레짐작으로 판단하지 말고 고객에게 직접 묻고 확인하여 더 효과적인 해결책을 제시해야 한다. 그것이 시장이 원하는 가치를 제공하는 가장 확실한 방법이다.

도랑 치고 가재 잡고

비즈니스 방식

사회적기업이 사회문제를 비즈니스 방식으로 풀어나간 사례는 매우 많다. 여기서 몇 가지를 소개한다.

사람들의 마음밭을 돌보는
'토닥토닥협동조합'

우리나라는 인구 10만 명당 자살률이 2006년 21.8명에서 2013년에는 28.5명으로 꾸준히 증가했다. 이는 우울증이나 정신적 이상 증세를 호소하는 사람들이 늘어나는 현상과 궤를 같이한다. 예방적 차원의 관리 시스템이 절실한 상황이다.

토닥토닥협동조합(대표 이영희)은 이러한 문제를 해결하는 사회적기업이다. 심리상담사들이 힘을 모아 만들었는데, 커피숍이라는 편안한 공

>>> 심리상담사들이 만든 토닥토닥협동조합

간에서 일반 상담의 3분의 1 비용으로 전문적인 심리상담 서비스를 제공하며 지역민들의 마음밭을 생애주기별로 돌보아준다. 심각한 사회문제로 대두되는 정신적 빈곤을 해결할 수 있는 하나의 대안으로, 호응이 좋아 2016년 5월 현재 3호점을 개점해 운영 중이다.

청소년 문제와 카페를 접목한 '자리'

청소년 문제 또한 심각한 상황이다. 청소년 4대 강력범죄 발생건수는 2006년 1,857건에서 2010년 3,106건으로 급증하고 있다(형사정책연구원 자료).

사회적기업 자리(ZARI, 대표 신바다)는 직업 교육과 인문학 교육을 통해 청소년들의 정서적 자립을 유도하고 커피, 레스토랑 등 현장 경험을 통해 경제적 자립을 지원하여 건강한 사회 구성원으로 살아갈 수 있도록 사업을 전개하고 있다. 2010년 위기 청소년의 자립 문제와 카페사업을 접목하여 탄생하게 된 이 기업은 2016년 10억 매출을 목표로 하는

>>- 청소년들의 자립을 도와주는 자리의 상담 모습

수준으로 성장했다.

고령화사회의 대안 '산바들'

통계청의 장래인구 추계에 따르면, 우리나라는 2000년 65세 이상 인구 비율이 7.2%에 이르러 이미 고령화 사회로 들어섰으며 2018년에는 이 비율이 14.3%가 되어 초고령 사회로 진입하게 될 것이라고 한다.

대전에 소재한 산바들(대표 황선희)은 이러한 고령자들을 고용하여 멸치와 버섯 등을 활용한 천연조미료를 생산하고 있다. 어르신들에게 일자리를 제공하고 '오랜' 지혜를 활용하여 창출한 이익을 지역사회에 재투자함으로써 사회 통합에 기여하고 있다.

>>> 어르신들을 위한 기업 산바들의 작업 풍경

새터민에게 희망을,
'메자닌아이팩'

북한 이탈 주민의 사회 적응 문제도 있다. 현재 국내에는 약 26,000여 명의 새터민이 거주하고 있는데, 이들이 잘 정착하도록 돕는 것은 통일 준비의 초석이 될 수 있다.

경기도에 소재한 박스 제조 기업 메자닌아이팩(대표 박상덕)은 새터민이 빈곤층으로 전락하지 않도록 돕기 위해 설립된 사회적기업으로, 복지법인 열매나눔재단과 SK에너지가 협력하여 설립했다. 메자닌(mezza-nine)은 이탈리아어로 건물의 1층과 2층 사이의 공간을 뜻하며, 취약계층과 중간계층을 이어준다는 취지로 이름을 지었다고 한다. 메자닌아이팩은 대부분의 사회적기업들이 정부나 기업의 재정 지원을 통해 운영되는 것과 달리 스스로 매출과 이익을 창출하여 흑자 경영을 실현하고 있다.

》― 희망을 일구는 메자닌아이팩의 새터민들

폐기물로 몸살을 앓는
지구를 위해 '터치포굿'

　　　　　　　　　전 세계가 지구온난화 등의 환경문제
로 열병을 앓고 있는데, 이를 해결하기 위해 등장한 사회적기업도 있
다. 터치포굿(Touch4Good, 대표 박미현)이다. 우리나라는 야구 한 경기당
버려지는 페트병이 3만~5만 개, 지방선거 1회 시 버려지는 현수막이
축구장 30개 크기에 달하는 등 단위면적당 폐기물 발생량이 OECD국
가 중 4위라고 한다. 엄청나게 많은 양의 현수막을 만들고 버리면서 현
수막 업사이클링(up-cycling. 재활용품에 디자인 등의 가치를 더해 새로운 제
품으로 만드는 것)에 관심을 갖게 된 것이 창업으로 이어진 이 사회적기
업은 서울대 교수와 학생들이 배출하는 이면지로 '서울대 합격 기운을
담은 포스트잇'을 만들어 히트를 치기도 했다. 버려지는 것과 버리는 마
음을 터치하는 터치포굿은 업사이클링제품 생산과 함께 폐기물 발생

　　　　　　　　　　　나는 착한 기업에서 희망을 본다

>>> 버려지는 것과 버리는 마음을 터치하는 터치포굿

기업에 자원 활용 방안을 컨설팅하고 제품 디자인, 생산, 마케팅 등에 대한 맞춤형 솔루션을 제공하고 있다.

스페인 유제품 시장의 3위 브랜드인 라 파제다(La Fageda)도 사회적기업들에 좋은 모델이 될 수 있다. 취약한 자본과 마케팅력 등을 보완할 수 있는 효과적인 방법을 제시해주기 때문이다.

라 파제다의 창업자는 크리스토발 콜론(Cristobal Colon)이라는 의사다. 정신과 의사였던 콜론은 정신질환을 앓고 있는 환자들에게 유용한 치료 방법이 무언가를 만들게 하는 것이라는 사실을 알고 있었다. 상품가치가 없는 이런저런 물건들을 만들게 하는 기존의 방법보다는 환자들에게 실질적 도움이 될 수 있는 물건을 만들게 해보자는 생각을 하게 된 콜론은 궁리 끝에 치즈와 버터 같은 유제품을 떠올렸다. 그는 바로 사업계획서를 들고 은행을 찾아갔다. 정신질환자들이 종업원으로 일하는, 독특하고 언뜻 무모해 보이기도 하는 라 파제다는 그렇게 시작되었다. 회사가 직접 운영하는 목장에서 치즈와 요구르트, 우유 등을 생산하고 있는데, 가장 눈길을 끄는 것은 '어려운 이웃들이 만드는 제품이니 좋게 보아달라'는 평범한 접근 방법을 배제했다는 점이다.

초창기에는 들쭉날쭉한 품질 때문에 문을 닫을 뻔할 정도로 위기에 처한 적도 많았다. 하지만 오직 품질로만 승부하겠다는 일관된 자세로 지속적인 품질 개발과 지역에 집중하는 전략을 실행하여 시장에서 확고한 지위를 차지하게 되었다. 네슬레와 같은 글로벌 브랜드와 경쟁하지 않고 목장과 공장이 위치한 지역사회의 소비자들을 중심으로 경영 활동을 벌인 콜론의 판단이 적중한 것이다.

라 파제다의 성공은 우수한 품질과 명확한 타기팅의 결과라고 할 수 있다. 무모한 경쟁을 피해 광고비와 물류비 지출을 최소화한 것도 주효했다. 우리 사회적기업들이 본받을 만한 부분이다.

나는 착한 기업에서 희망을 본다

투자수익률은 얼마나 되나요?

투자 유치 방법

활짝 웃으면서 던지는 질문이 그렇게 무서울 수 있는지 처음 알았다.

크라우드펀딩사이트인 슬로스타트에 올린 프로젝트가 목표 금액을 이틀 만에 달성했을 때만 해도 자금 걱정을 하게 될 줄은 몰랐다. 그런데 시간이 지나면서 돈 들어갈 데가 넘쳐났고, 자금 담당 직원이 "또 펀딩을 받아야 할 것 같아요"라고 하기에 사회적기업에 주로 투자한다는 회사를 찾아갔다.

한 여성 팀장이 나를 맞아주었다. 그녀는 내가 하고 있는 비즈니스에 대해 아주 훤히 꿰뚫고 있었다. 가져간 PPT 자료를 다 읽어보지도 않고 내가 설명하려던 내용을 먼저 이야기할 정도로 영리했다. 대화를 이끌어가는 기술도 탁월했다. 투자를 받으러 간 터라 심적으로 부담스러운 자리였는데, 그녀 덕분에 긴장이 풀리고 소통이 잘되어 분위기가 좋았다.

하지만 그렇게 좋았던 분위기는 일순간에 깨져버리고 말았다.

"그런데 예상 투자수익률은 얼마나 되나요? 그 부분이 누락된 것 같네요."

사람이 웃는 얼굴로 투자수익률을 물을 수 있다는 사실을 그때 처음 알았다. 순간 무섭다는 생각까지 들었다.

"아…" 하며 잠시 말을 더듬었다. 투자를 받으러 왔다면 투자수익률의 수치와 근거를 제시하는 것이 당연한 일인데, 그것도 준비 못한 내가 너무 아마추어 같았다.

"그것은 내부 논의가 좀 더 필요해 넣지 않았습니다. 원하시면 바로 준비해서 보내드리겠습니다."

좋게 시작되었던 투자 미팅은 누가 쫓아오기라도 하듯 그렇게 서둘러 끝이 나고 말았다.

'그래… 투자는 기부가 아니지.'

펀드레이징을 원하는 기업과 투자자 사이에서 일어날 수 있는 상황을 가정하여 만든 이야기다. 그런데 현실에서도 이런 상황을 종종 목도하게 된다.

투자자들이 원하는
기업과 기업가

사회적기업가들에게 하고 싶은 솔직한

얘기가 있다. 투자를 쉽게 생각하지 말라는 것이다. 투자금은 해당 기업의 미래를 보고 미리 '땡겨' 주는 돈이지 뒤탈 걱정 없는 편한 돈이 절대 아니라는 사실을 명심해야 한다. 간혹 정부나 지자체, 대기업 등에서 콘테스트나 경연대회 같은 행사들을 열어 수상하는 기업들에 얼마간의 투자를 보장한다거나 투자를 주선해주는 일이 있다. 하지만 극히 예외적이고 이례적인 일이라고 할 수 있다. 앞서 언급한 가상의 상황이라면 분명 투자를 받지 못할 것이다. 투자를 받을 준비가 전혀 되어 있지 않기 때문이다. 비즈니스모델이나 사회적기업이 추구하는 가치가 매력이 없어서가 아니다. 투자할 만한 매력이 없는 것이다. 수익모델이 불확실하거나 경영자를 믿을 수 없어 투자할 수 없는 것이다.

투자자들이 통장에 넣어주는 돈은 날려도 그만인 기부금이나 공돈이 아니라 '얼마 후 어느 정도는 불려줘야 한다'며 맡긴 돈이라는 사실을 늘 염두에 두어야 한다. 왜냐하면 투자자란 엑싯(Exit, 투자 회수)을 통해 자신이 투자한 원금과 이익을 회수하는 방식으로 돈을 버는 존재이기 때문이다. 다수의 투자자들이 각출한 돈으로 만들어진 펀드의 경우에도 종료 시점에서는 청산과 투자 회수가 있을 수밖에 없다. 그렇기 때문에 제아무리 좋은 투자자라고 해도 끝까지 함께하기는 어려운 것이 현실이다.

혹시 "유명한 임팩트 투자자라고 하더니 수익률을 너무 깐깐하게 따지는 거 아닌가요?"라고 호소하는 사회적기업가가 있다면 사업을 접는 것을 진지하게 고려해봐야 한다. 세상에 수익률을 따지지 않는 투자자는 없다. 투자자가 원하는 사회적기업가는 '돈을 벌게 해주는 착한 마인드의 소유자'임을 잊지 말아야 한다.

당신도 혹시 몽상가?

　　　　　　　　투자에 대한 경각심을 일깨웠으면 하
는 마음으로 실제 사례를 들어볼까 한다. 사회적기업가들에게 좋은 참
고가 될 것이다(이한종, '팹의 몰락이 던지는 시사점', 비석세스(beSUCCESS),
2014. 11. 24).

　투자자들에게 10억 달러(1조 원)의 기업 가치를 인정받던 디자인 분야
의 스타트업 팹닷컴(Fab.com)이 불과 1년 만에 150억 원으로 가치가 폭
락하여 피봇(pivot, 업종전환)하는 처량한 신세가 되었다. 핵심 역량을
감안하지 않은 지나친 사업 확장과 방만한 비용 구조가 주된 원인이었
다. 물류창고 증설, 배송 시간 단축, 오프라인 진출 등에 투자한 것이
발목을 잡았고, 매달 지출해야 하는 비용만 140억 원에 달할 정도로
위험성을 안고 있었다. 뉴욕의 사무실 월세로만 매달 2억 5,000만 원이
들어갔다고 한다. 구글이나 애플, 페이스북에 못지않은 복지 서비스 제
공에도 적지 않은 돈이 소요되었다. 한마디로 외화내빈(外華內貧)의 경
영을 한 것이다. 팹닷컴은 결국 300여 명에 달하던 직원 가운데 10분의
1도 안 되는 25명만 남기고 모두 해고해야 했다. 문자 그대로 '몰락'한
셈이다.

　여기서 팹닷컴의 몰락을 언급한 이유는 사회적기업가들과 사회적기
업을 꿈꾸는 사람들에게서 현실과 동떨어진 몽상가의 모습이 엿보이기

도 하기 때문이다. 그들은 자신의 청사진에 많은 관심과 투자가 몰려들 거라고 생각한다. 하지만 수백, 수천억 원의 투자로 하루아침에 부자가 된 외국의 IT벤처 CEO들의 성공 스토리와 사회적기업가의 현실은 비슷한 점이 거의 없다. 획기적인 비즈니스모델로 세간의 주목을 받고, 넉넉한 투자를 받고, 지분을 매각해서 단숨에 갑부가 되는 스토리는 사회적기업의 현장에는 '없다.' 왜냐하면 사회적 가치의 실현은 세상을 조금씩 바꿔가는 작고도 꾸준한 발걸음이지 단숨에 세상을 바꾸는 혁명이 아니기 때문이다. 사회적기업의 길은 빛보다 그늘이 많고 열매보다 수고가 뒤따르는 걷기 힘든 길이다. 혹시라도 사회적기업에 보내는 대중의 찬사와 언론의 스포트라이트에 현혹되어 사회적기업가의 길을 선택하는 일이 없기를 바란다.

어디서, 어떻게 투자를 받을 것인가

투자자들은 다양한 유형과 성향을 보인다. 어떤 투자자들은 제대로 된 사업 계획도 갖추지 못한 초창기 기업들에 투자하고, 어떤 투자자들은 다른 곳에서 이미 투자를 받아 성장하고 있는 기업들에만 투자하기도 한다. 엔터테인먼트 분야에만 투자하는 투자자가 있는가 하면, 철광석과 구리, 원유 같은 원자재기업만 골라 투자하는 투자자도 있다. 그래서 투자를 받고자 할 때는 해당 투자자의 성향과 과거의 투자 리스트를 미리 살펴보는 것이 좋다.

우리가 특별히 관심을 가질 만한 투자자들이 있는데, 착한 기업이나 사회적기업과 같은 곳에만 투자하는 사람들이다. 이를테면 임팩트 투자를 하는 회사들과 피에르 오미디야르 같은 개인 투자자들이다.

착한 기업이나 사회적기업에 투자한다고 해서 규모가 작거나 한정된 시장에 국한된 것이 아닐까 하는 생각을 할 수도 있는데, 임팩트 투자는 의외로 큰 규모로 이루어지고 있다. 2015년만 해도 세계에서 70조 원의 임팩트 투자가 있었고, 2020년에는 그 규모가 200조 원까지 불어날 것이라고 한다. 우리나라를 포함한 아시아 시장의 임팩트 투자 규모도 꾸준한 성장 추세를 보이고 있는데, 2020년까지 약 74조 원에 달할 전망이다. JP모건을 비롯한 골드만삭스, AXA와 같은 글로벌 투자은행들도 펀드를 조성하여 임팩트 투자에 나서고 있다. 임팩트 투자 시장이 더 이상 '큰 욕심 안 부리고 좋은 데 투자한다'는 식의 소극적 시각으로 바라볼 곳이 아님을 말해준다.

임팩트 투자가 활성화되면서 관련 투자기관들도 속속 생겨나고 있다. 어큐먼 펀드(Acumen Fund)에 따르면, 전 세계적으로 약 200여 개의 임팩트 투자 관련 기관들이 활동한다고 한다. 우리나라에서는 SK행복나눔재단과 한국사회투자, SOPOONG, MYSC 등의 비영리기관이 대표적이고, 벤처캐피털로는 카이스트청년창업투자지주, 쿨리지코너인베스트먼트(CCVC) 등을 꼽을 수 있다. 대부분의 임팩트 투자기관들은 임팩트 투자 생태계 조성 및 활성화를 위해 한국임팩트투자네트워크(KIIN)를 통해 서로 협조하고 있다. 주요 기관별 투자 방식을 요약하면 다음 표와 같다.

나는 착한 기업에서 희망을 본다

구분	기관	지분	대출	기부
1	행복나눔재단	●		
2	MYSC	●		
3	SOPOONG	●		
4	크레비스	●		
5	카이스트청년창업투자지주	●		
6	쿨리지코너인베스트먼트	●		
7	포스코 기술투자	●		
8	미래에셋벤처	●		
9	D3	●		
10	HGI	●		
11	한국사회투자		●	
12	사회연대은행		●	
13	동그라미재단			●
14	아산나눔재단			●
15	아름다운가게			●

임팩트 투자기관들이 대상 기업을 선정하고 심의하는 방식은 기관의 사업 목적과 성격에 따라 다른데, 내가 투자심의위원으로 활동했던 행복나눔재단의 심사 기준을 소개하면 이렇다.

재단에서는 '세상 임팩트 투자 공모전'을 통해 투자 검토 대상이 될 만한 기업들을 선정하고 준비 과정(IR Camp)을 거쳐 본격적인 검토 과정에 들어간다. 공모전 심사와 투자 검토 과정에서는 공통적으로 기업가 정신, 사회적 가치, 경제적 가치, 경영 역량 등의 항목들을 기준으로 평가를 실시한다. 다만, 공모전 심사에서는 제출 서류, 인터뷰, 발표 등을 근거로 양적·질적인 부분에 대해 개괄적 내용을 심사하고, 투자 검토에서는 기업 가치와 사회적 가치 등에 대한 객관적 지표를 통해 기업의 성장성을 평가한다.

나는 착한 기업에서 희망을 본다

사람은 완벽할 수 없다

인재관과 인사 원칙

인사(人事)는 경영의 핵심이라고 해도 과언이 아니다. 최고의 제품과 서비스를 만들어내는 것도 사람이고, 무에서 유를 창조하듯 판로를 개척하는 것도 사람이기 때문이다. 반면에 치열한 경쟁 끝에 빛나는 승리를 쟁취한 후 승리의 환호성이 채 가라앉기도 전에 실패의 싹이 트기 시작하는 것도 사람 때문이다. 기업의 흥망이 사람에 달려 있는 것이다. '경영은 곧 인사'라는 말은 진실이다.

사회적기업에서는 '인사가 만사(萬事)'라는 말을 더욱 실감하게 된다. 대기업만큼 임금을 줄 수도 없고, 벤처기업이나 스타트업처럼 매각이나 상장으로 큰돈을 벌 가능성을 제시할 수도 없기 때문이다. 사회적 가치의 실현이라는 선한 목표에 대한 공감 말고는 직원들에게 줄 것이 별로 없다. 그래서 특히 사회적기업은 인사가 전부라 해도 과언이 아니다.

국내 최대의 사회적기업인 행복나래도 인사에 따른 어려움을 극복하며 오늘에 이르렀다. SK그룹 계열사였던 MRO코리아가 갑자기 사회적기업으로 전환되면서 구성원들이 적잖이 동요했다. 다행히 마음을 열고 사회적기업을 이해하기 시작하면서 경영자인 나보다 더 많은 애정을 갖게 되어 지금까지 꾸준히 성장해올 수 있었다. 구성원들에게 늘 고마운 마음이다.

사회적기업에 적합한 인재는 누구인가

문제는 사회적기업에 가장 중요한 사람을 어떻게 구할 것인가이다. 상대적으로 낮은 급여에도 흔들리지 않고 열정과 능력을 발휘할 수 있는 그런 인재가 있기는 한 걸까? 여기서 사회적기업가의 인식이 중요하다. 옛말에 '물고불가전야(物固不可全也)'라고 했다. 무엇이든 완벽할 수 없는 법이라는 뜻이다. 한 자 길이의 나무에도 마디가 있고(尺木必有節目), 작은 구슬에도 흠이 있게 마련(寸玉必有瑕疵)이다. 사람도 완벽할 수 없다. 이 사실을 인정하고 조직이 필요로 하는 장점에 주목할 때 '이 사람이다' 싶은 인재가 비로소 눈에 들어올 수 있다. 그렇지 않으면 마땅한 인재를 찾을 수 없고, 찾는다 해도 이내 못마땅할 수 있다.

사람을 구하는 일에서 경영자들은 곧잘 실수를 저지른다. 성공 신화의 주인공도 예외가 아니다. 중국 최대의 전자상거래업체인 알리바바의 마윈 회장도 한 언론과의 인터뷰에서 인사에 관한 자신의 실수를 밝힌

적이 있다. 알리바바가 대규모 투자를 받아 본격적인 성장을 준비하던 2001년, 마윈 회장은 창립 멤버 18명에게 "관리자의 역할은 현재 당신들이 할 수 있는 일이기 때문에 외부에서 인재를 영입해야 한다"고 말했다. 관리가 아닌 다른 역할은 외부에서 인사를 영입하여 맡겨야 한다는 것이었다. 성장가도를 달리는 기업에서 흔히 있는 일이었다. 기존의 멤버로는 성장 속도를 감당할 수 없기 때문이다. 그런데 몇 년 후 당시 채용했던 외부 인사들 중에서 알리바바에 남아 있는 사람은 단 한 명도 없었다. 마윈 회장은 그때의 결정을 "내가 가장 후회하는 일"이라고 하면서 '역량보다 태도가 더 중요하다'를 인사의 원칙으로 삼게 되었다. 역량은 채워줄 수 있지만, 태도는 그럴 수 없기 때문이다.

경영자도 사람이다. 마윈 회장처럼 자신의 불완전성을 인정하고 다른 시각으로 볼 수 있을 때 비로소 회사에 적합한 인재를 바로 보는 눈을 갖게 된다.

영화 〈인턴〉이 알려준 인사의 진리

그렇다면 우리 회사에 필요한 인재의 자격 요건을 나열해보자. 우선 똑똑해야(smart) 한다. 그리고 누가 시키지 않아도 자발적으로(self-motivated) 일을 찾아 하고, 동료들과 원만한 (harmonious) 관계를 이루어야 한다. 이런 인재라면 아마도 모든 경영자가 두 팔을 들어 환영할 것이다. 여기에다 경험까지 풍부하다면 두 말할 필요도 없을 것이다.

　개봉 후 잔잔한 반향을 일으키며 사람들 사이에서 많은 이야깃거리를 남긴 영화 〈인턴〉을 기억할 것이다. 혼자서 시작한 인터넷쇼핑몰을 1년 반 만에 직원 220명의 회사로 키워낸 여성 사업가가 있다. 회사를 열정적으로 이끌어가면서도 직원들을 하나하나 알뜰하게 챙기는 줄스 오스틴(앤 해서웨이)은 모든 것이 완벽해 보이는 CEO다. 하지만 마음이 편치 않다. 늘 자상하던 남편의 외도를 알게 된 것이다. 그녀는 자신이 회사 일에만 매달리다 가정에 소홀해서 그런 것이라며 고민한다. 계속해서 성장 중인 회사도 고민스럽기는 마찬가지다. 투자자들이 커진 회사의 규모에 맞는 전문경영인을 영입할 필요가 있다는 주장을 굽히지 않기 때문이다. 내우외환에 빠진 그녀는 점점 자신감을 잃어간다. 그때 백발의 노신사가 나타난다. 인턴으로 채용된 칠순의 벤 휘태커(로버트 드니로)가 혼란스러워하는 줄스 옆에서 하나하나 정리해나갈 수 있도록 도와준다.

　"아내가 잘나간다고 남편이 외도할 이유가 없고, 그런 남편을 위해 성공한 회사의 경영을 포기할 이유는 더더욱 없어요."

　벤은 줄스가 투자자를 만나기 직전에도 힘을 불어넣는 조언을 잊지 않는다.

　"이렇게 재미있고 굉장한 회사를 만들다니… 누가 해낸 건지 잊지 마요."

　이 영화를 보면서 사람의 나이를 다시 생각하게 되었다.

　'회사에서 필요로 하는 똑똑하고, 스스로 동기부여하고, 조화롭고

원만한 성격의 인재가 반드시 2, 30대 젊은이여야만 할까? 모든 요건을 갖춘 인재라면 나이에 상관없이 당장이라도 모셔 와야 하는 것 아닐까?'

사회적기업가가 버려야 할
고정관념

사회적기업가들이 버려야 할 고정관념이 있다. 다른 기업들에 비해 좋은 조건을 제시할 수 없기 때문에 필요한 인재를 구하지 못할 것이라는 생각이다. 그런데 이러한 고정관념에서 탈피한 인사로 답보 상태에 빠진 회사가 본격적인 성장 궤도에 올라선 일이 있었다(동아일보, '만년필 세대의 디지털 경쟁력', 2003. 1. 2 참조).

주차유도관리 시스템을 개발, 판매하는 중소기업 TIS는 우수한 기술력을 보유하고도 번번이 세일즈에 실패하는 바람에 고민에 빠져 있었다. 경쟁력 있는 가격을 제시해보기도 하고 비싼 돈을 들여 외부에 제안서 제작을 의뢰해보기도 했지만, 계약 수주에 거듭 실패했다. 그러던 중 회사 대표가 은사처럼 따르는 선배 경영자에게서 조언을 듣게 되는데, '퇴직 경영자들을 만나보라'는 것이었다. R&D에는 뛰어나지만 세일즈 역량은 부족한 회사의 맹점을 외부의 인사가 메워줄 수 있다는 조언이었다. 대표는 곧이어 퇴직 경영자들을 만나 이야기를 나누었고, 간곡히 "선생님의 경험을 저희가 모실 수 있으면 좋겠습니다"라고 부탁하여 '어른들'을 채용하게 되었다. 그렇게 해서 직원 수 30명 남짓한 회사가

50대 이상의 임원을 5명이나 두는 별난 인력 구조를 갖게 되었는데, 그 때부터 세일즈 성과에 변화가 보이기 시작했다. 기본급 정도만 받는 조건으로 합류했지만 세일즈에 일가견이 있는 임원들이 실력을 발휘하면서 그동안 막혀 있던 세일즈에 활로가 뚫리게 된 것이다. 대기업 경영진의 속내를 누구보다 잘 알고 있던 임원들은 세일즈에서 중점을 두어야 하는 부분이 무엇인지를 정확히 간파하고 있었고, 클라이언트들이 미처 생각지도 못했던 점까지 컨설팅해줌으로써 계약 수주에 연이어 성공할 수 있었다.

잘나가는 '안심생활'의 이유 있는 성장

부산시에 위치한 (사)안심생활은 서울의 다솜이재단과 함께 2007년 10월 고용노동부로부터 인증받은 한국 최초의 사회적기업으로, 취약계층에 일자리를 제공하고 자립 생활이 불가능한 고령자들이 안심하고 살 수 있는 복지사회를 구현하기 위해 노력하고 있다. 주요 사업은 차량이동 지원과 방문 요양 및 목욕, 노인요양시설 및 노인주간보호센터 운영, 복지용구 판매와 대여 등이다. 부산·경남 지역에 10개 직영지점과 15개의 가맹지점을 두고 있으며, 연매출 30억 원에 직간접 고용 인원은 800명에 달한다.

안심생활은 서비스 품질 향상과 일자리 창출에 노력한 결과 2011년 지식경제부로부터 서비스품질우수기업으로 선정되었고, 2012년에는 일

》 자립과 성장의 롤모델, 안심노인건강센터

자리 창출 공로로 대통령표창을, 2016년에는 모범적인 사회적기업으로
대통령표창을 수상했다.

안심생활도 한때 큰 위기가 있었다. 그러나 수익과 사회적 가치가 균
형을 이룬 지속가능한 사업모델을 구축하고, 자립 능력이 있는 지점 분
사와 책임 경영, 비용 절감 등을 통해 위기를 극복할 수 있는 조직 구
조를 갖추고, 신규 수익모델 개발, 사업다각화를 통한 안정적인 수익원
확보에 힘써 오늘의 성장을 이룰 수 있었다.

안심생활은 직원의 역량 강화를 기업의 핵심 가치로 설정하고 업무
적성과 역량을 기준으로 채용과 배치에 심혈을 기울이는 한편, 맞춤 교
육과 다양한 직무 경험 제공을 통해 전문 인력을 육성하고 있다. 또한
전문 지식과 경영 능력을 갖춘 직원들 중에서 희망자를 뽑아 지점을 운

영할 수 있는 '내부 분사', '독립채산제'를 실시하여 스스로 자립할 수 있는 기회를 부여하고 있다. 이뿐만 아니라 선도적 사회적기업으로서 책임을 다하기 위해 사회적기업 설립과 운영의 노하우를 바탕으로 부산·경남 지역의 15개 기관을 지원하여 수익 증대를 통한 취약계층의 고용 창출을 위해 노력하고 있다. 앞으로도 안심생활은 국내 최초의 사회적기업으로서 자립과 성장의 롤모델이 되어 사회적기업의 가치 확산을 선도해나갈 계획이다.

인사가 기업의 성과를 좌우한다. 사회적기업처럼 규모가 작은 회사에서는 특히 그렇다. 경영에서 인사의 중요성은 수백 번을 강조해도 지나치지 않다.

마윈 회장은 인사와 경영자의 역할에 대해서 이렇게 말했다.

"당신은 모든 사람들의 생각을 통일시킬 수는 없다. 그것은 불가능하지만 공통의 목표를 통해서 통일시킬 수 있다."

경영자가 사회적 가치의 실현이라는 공통의 목표를 명확하게 견지해야 할 필요가 여기에 있다. 비록 작은 조직, 소수의 인원이라 해도 공통의 목표를 향해 똘똘 뭉칠 수 있다면 어떤 문제도 해결할 수 있다.

나는 착한 기업에서 희망을 본다

혼자 하려고 하지 마라

R&D와 생산

일반 기업들과 마찬가지로 사회적기업도 생산시설이나 서비스 프로세스를 통해 제품과 서비스를 만들어 고객에게 제공한다. 여기서는 사회적기업가가 경영 현장에서 반드시 맞닥뜨리게 되는 '생산' 문제를 다루려고 한다.

기업이 생산한 제품이나 서비스가 시장에서 기대 이상의 반응을 얻게 되면 더할 나위 없이 기쁘겠지만, 실제 경영에서는 전혀 예상치 못한 문제가 다반사로 일어난다. 시장의 반응이 기대 이하인 경우도 문제지만, 반응이 너무 좋아 문제가 생기기도 있다.

BMW가 로버(Rover) 사에서 인수한 미니(mini)를 '미니 쿠퍼'로 출시했을 때도 그랬다. 작지만 강력한 성능과 디자인으로 성공을 예상하고 있던 BMW는 예상을 뛰어넘는 폭발적 인기에 생산라인을 풀가동해도 주문량을 맞출 수 없었다. 생산량이 주문량을 따라가지 못하면서 출고 지연 기간이 길어지게 되었고 급기야 고객이 주문한 미니 쿠퍼를 받기까지 1년 이상을 기다려야 하는 상황에 이르렀다. 결국 불만이 터져나오기 시작했고, BMW는 독촉과 항의에 전전긍긍하게 되었다. 그런데 어느 순간부터 불만을 제기하는 목소리가 잠잠해졌다. 이유는 다름 아닌 엽서 덕분이었다. BMW는 출고 지연 사태에 따른 불만을 처리할 방법을 고민하다가 고객이 주문한 미니 쿠퍼의 생산 단계를 주기적으로 알려주는 엽서를 보내기로 했다. '아, 내가 주문한 미니 쿠퍼가 엔진을 달았구나. 곧 타이어가 부착되겠지?' 하고 알 수 있게 해준 것이다.

하나의 사례이지만 실제 경영 현장에서는 이 같은 문제가 언제든 일어날 수 있다. 시장의 상황에 맞추어 생산하기란 그만큼 쉽지 않은 일이다.

기술 확보의 성공 사례

사회적 가치 실현에 대한 열정이 앞서 정작 생산에 필요한 기술이나 시설을 확보하지 못한 채 사업을 시작하는 사회적기업들이 있다. 그래서 어려움을 겪게 되는데, 이와 관련한 사례를 소개한다.

딜라이트의 김정현 대표가 보청기사업을 결심하게 된 것은 경로당에서 봉사활동을 하면서 형편이 어려운 어르신들이 150~200만 원이나 하는 보청기를 구입하기 어렵다는 사실을 알게 되면서부터였다. 김 대표는 보청기 구매 시 국민건강보험으로 지원 가능한 최대 금액인 34만

원에 제품 가격을 맞추는 것을 목표로 사업에 뛰어들었다. 하지만 제조 단가를 낮출 수 있는 기술이 부족한 상태였다. 자체 개발이 생각대로 되지 않으면서 사업이 난관에 부딪혔다. 이때 김 대표는 눈을 밖으로 돌렸다. 필요한 기술을 확보하기 위해 연세대학교 의료기기연구센터와 파트너십을 맺었고, 도움이 될 만한 곳이면 어디든 찾아가 손을 내밀었다. 다행히 대학생 사업가가 좋은 뜻으로 사회적기업을 한다는 소식이 알려지면서 주위에서 적잖은 도움을 받을 수 있었다. 소규모 기업으로는 드물게 부설 기술연구소를 설립하여 보청기 제조 기술을 발전시키기 위한 준비도 했다. 결정적으로 브라질의 솔라이어라는 회사로부터 태양열을 이용한 충전 기술을 전수받아 품질이 우수하면서도 가격이 저렴한 제품을 개발하는 데 성공했고, 사업 시작 1년여 만에 출시된 첫 제품은 품질 대비 탁월한 가격으로 호평을 받아 별다른 광고 없이도 좋은 반응을 얻었다.

실내에서 사용하는 난방용 텐트라는 기발한 아이디어를 선보인 바이맘의 경우도 외부에서 필요한 기술을 확보한 경우다. 김민욱 대표가 사업을 구상하게 된 계기는 바로 김 대표의 어머니였다고 한다. 난방비 때문에 보일러를 돌리지 않고 춥게 지내는 분들을 안타까워하던 어머니가 손수 누비이불을 덮어씌운 텐트를 만들어 선물하는 것을 보고 '이걸 사업으로 하면 괜찮겠다'는 생각을 하게 되었다. 실내에 텐트를 치는 것만으로도 섭씨 4도 정도의 상승 효과가 있고, 전기장판 위에 텐트를 치는 경우에는 무려 10도가 올라가기 때문에 사업성이 충분하다고 생각, 기술 개발에 뛰어들었다. 하지만 난방 텐트를 만드는 것은 생각만

큼 쉽지 않았다. 초기에는 누비이불을 텐트에 두르는 방식으로 제작했는데, 생산 원가가 20만 원에 달했다. 게다가 원단을 텐트에 부착, 고정시키는 것도 생각만큼 쉬운 기술이 아니어서 애를 먹었다. 그러던 중 한 지인으로부터 '한국 텐트업계의 전설'이라 불리는 분이 퇴직했다는 이야기를 듣고는 그를 찾아가 자문을 구함으로써 마침내 기술 개발에 성공할 수 있었다. 그때 도움을 준 사람이 현재 바이맘의 기술 개발을 총괄하는 노경석 이사라고 한다.

　기술은 스스로 개발하면 제일 좋지만, 여의치 않을 때는 혼자 고민하지 말고 딜라이트나 바이맘처럼 외부의 도움을 구하는 것이 낫다. 고경력과학기술인(www.reseat.re.kr) 같은 사이트 등을 통해 필요한 기술을 갖고 있는 인력을 찾는 방법도 고려해볼 만하다.

　또한 사장되어 있는 특허나 실용신안 등의 산업재산권을 확보하여 제품을 생산하는 방법도 있다. 도난방지용 가방 센서와 향기 나는 헤

>>> 필요한 기술을 찾아주는 고경력과학기술인 홈페이지

어드라이어 등이 이런 방법으로 생산된 제품들이다. 특히 도난방지용 가방 센서는 에스콰이아 콜렉션과 독점사용권 계약을 맺어 대량판매의 길을 열기도 했다.

사회적기업가들은 필요한 기술을 직접 개발해야 한다는 고정관념을 버리고 도움이 될 만한 주변의 환경을 적극 활용할 필요가 있다.

품질 관리에 실패한 쿠어스와
성공한 인앤아웃버거의 차이

사업은 시장에 판매할 양질의 제품을 생산하는 데 성공했다고 해서 끝나는 것이 아니다. 품질을 안정적으로 유지하고 관리하여 판매가 순조롭게 이루어지도록 하는 문제도 만만한 일이 아니기 때문이다. 품질을 제대로 관리하지 못해 기업 전체가 위기에 처한 사례가 있다.

미국 콜로라도주 덴버에 위치한 야구장 쿠어스 필드(Coors Field)는 메이저리그에서 '투수들의 무덤'으로 불린다. 야구장이 해발 1,600미터의 고지대에 있어 희박한 공기 때문에 타구의 비거리가 다른 구장에 비해 길어 홈런이 자주 나오기 때문에 붙여진 별명이라고 한다. 또 하나 재미있는 사실은 야구장 이름 쿠어스가 쿠어스맥주(Coors Brewery)에서 따왔다는 것이다. 덴버에서 가까운 골든 시에 위치한 쿠어스맥주는 '순수한 로키산맥의 샘물로 만든 신비한 맛의 맥주'라는 브랜드 이미지를 갖고 있었다. 콜로라도를 비롯한 서부 지역에서 상당한 인기를 끌고 있던 쿠어스맥주는 시장 확대를 위해 동부 지역으로 진출하고자 했는데, 안타깝게도 품질 관리에 실패하면서 브랜드 콘셉트마저 추락하는 최악의 상황에 빠지고 말았다. 브랜드 이미지의 핵심인 '차갑고 신선한 맛'을 유지하려면 섭씨 4도 정도 상태에서 보관하고 유통하는 것이 필수인데, 이런 능력을 갖고 있는 물류망 확보에 실패했기 때문이다. 결국 쿠어스맥주는 급격히 추락한 브랜드 이미지로 인해 서부 지역에서조차 과거의 영광을 잃어버리는 지경에 이르고 말았다.

반면 탁월한 품질과 우수한 브랜드 인지도를 계속 유지하면서 성공 가도를 달리는 경우도 적지 않다. 미국 서부 지역에서만 판매하는 것으로도 유명한 인앤아웃버거(In-N-Out Burger)와 세계 최고의 아이스크림으로 불리는 벤&제리스(Ben & Jerry's) 등이 그런 경우다. 캘리포니아주 어바인에 본사가 있는 인앤아웃버거는 신선하고 건강한 햄버거라는 이미지로 유명하다. 절대 냉동 패티를 사용하지 않으며 매장 개설도 고속도로 근처에 한다. 햄버거의 재료인 식자재를 신선하게 유통하기 위해서라고 한다. 통감자를 즉석에서 잘라 튀겨내는 프렌치프라이도 인앤아웃버거의 인기에 일조하고 있는데, 품질 관리에 실패해 위기에 빠진 쿠어스맥주와 대비된다.

비코프 인증 기업
'제너럴바이오' 경쟁력의 핵심

우리나라에도 인앤아웃버거에 견줄 만한 사례가 있다. 전라북도 완주에 소재한 기업 제너럴바이오다. 서정훈 대표는 LG 계열사의 엔지니어 출신으로, 천식으로 고생하는 아이를 위해 공기 좋고 물 좋은 곳을 찾아 서울에서 완주로 이사했다. 아이의 건강이 좋아지자 환경의 중요성에 새롭게 눈을 뜨면서 친환경생활제품 개발을 시작했다. 지역에서 생산되는 원료로 제품을 개발하고 생산하는 것을 원칙으로 삼고, 품질 혁신과 가격 경쟁력 확보를 위해 연구소도 설립했다. 실무 경력 10년 이상의 우수한 전문 인력들이 중심이 된 연구소는 연구와 개발에 몰두하는 한편, 품질 개선에 어려움을 겪고 있는 사회적기업들을 적극 도와준다. 그들의 판로 지원을 위해 일종의 협동조합인 지쿱(G-Coop)을 설립하는 등 사회적기업들의 생태계 활성화에도 큰 기여를 하고 있다. 이러한 노력의 결과로 2011년 사회적기업 인증을 받고, 2014년에는 대통령표창을 받았으며, 2015년에는 글로벌 사회적기업 인증이라고 할 수 있는 비코프(B Corp, Benefit Corporation)

인증도 받았다.

서 대표가 항상 강조하는 것이 있다. 품질과 판로 개척이다. 사회적기업 제품이라고 하면 소비자들이 좋은 뜻으로 구매하는 경향이 있는데, 품질로 승부하지 않으면 결국 망하게 된다는 생각 때문이다. 상품을 공급하고 판매하기 위한 유통망도 중요하다. 구전 효과에도 각별한 신경을 써야 한다. 그래서 '제너럴바이오는 세제를 파는 것이 아니라 친환경을 파는 것'이라고 이야기한다. 서 대표의 말이다.

"저희는 2020년까지 매출 500억 달성을 목표로 하고 있습니다. 내수 시장에서 확고한 기반을 다지고, 해외 시장에서 비중을 늘려나간다면 직간접적으로 일자리 500개를 창출할 수 있으리라 기대하고 있습니다. 또한 저희는 초기 사회적기업의 성장을 돕기 위한 사업모델 개발과 사업화 지원에도 노력을 아끼지 않을 계획입니다. 한국에서 인도의 타타 그룹 같은 모델을 만들어갈 것입니다."

제너럴바이오는 2016년 6월 현재 52명이 함께 일하고 있으며, 이 가운데 취약계층 비율이 72%에 달한다. 연구직은 9명으로 구성원의 20% 수준이다. 그들이 만들어갈 미래가 기대된다.

마케팅은 필요없다?

마케팅 전략

사회적기업은 사회적 가치의 실현이라는 선한 목표가 있기에 굳이 마케팅이 필요하지 않다고 주장하는 사람들이 있다. 스타트업은 제품 개발과 서비스에 매진해야지 마케팅에 매달리는 것은 옳지 않다는 소리도 드물지 않게 들린다. '원칙적으로는' 옳은 말이고 타당한 주장이다. 그러나 나는 그러한 주장에 동의하지 않는다. 왜냐하면 사회적기업의 선한 목표가 시장의 호응을 약속하지 못하기 때문이다. 어렵사리 개발한 제품과 서비스를 시장이 알아주고 소비자들이 선뜻 구매해주기만을 바라는 것은 성공하기도 어려울뿐더러 기업가의 자세도 아니다. '장애인을 고용하기 위해 쿠키를 굽는다'는 위캔쿠키(www.wecan.or.kr)의 사명에 공감하여 제 발로 찾아와 쿠키를 사주는 사람들이 얼마나 될까? 장애인들이 꼼꼼하게 만드는 모자의 품질이 우수하다는 이유만으로 동천에 주문전화가 쉴 새 없이 울리는 걸까? 그렇지 않다. 시장의 현실은 전혀 그렇지 않다. 알리지 않으면 누구도 알지 못하는 게 현실이다.

리니어블이 인기를 끈
진짜 이유

혹자들은 리버스(www.reverth.com)의 미아방지용 팔찌 리니어블을 예로 들며 사회적기업이나 착한 제품은 마케팅할 필요가 없다고 말하기도 한다. 하지만 그것은 잘못 이해한 것이다. 리니어블이라는 제품이 아무런 광고나 마케팅을 하지 않았음에도 블로거들과 미디어들이 먼저 알고 찾아왔던 것은 사실이지만, 그것은 마케팅을 하지 않아서가 아니라 명확한 마케팅 포인트가 있었기 때문이라고 봐야 한다.

아직 출시 전인 리니어블이 크라우드펀딩사이트인 인디고고(www.in-diegogo.com)에 올라왔다. 이른바 핫(hot)한 사이트인 인디고고에는 기발한 아이템이나 첨단 기술에 관심이 있는 얼리어답터들이 모여들어 맘에 드는 것이 보이면 자발적으로 주위 사람들에게 알린다. 좋은 취지를 가진 리니어블은 이런 성향의 고객들에게 정확히 어필했다. 아직 출시도 되지 않은 리니어블에 대한 사전주문이 6,500건이나 쏟아졌고, 해외 바이어들까지 찾아와 5달러짜리 리니어블을 판매하겠다고 나섰다. 마케팅 포인트가 명확했기 때문이다.

제아무리 좋은 제품이나 선한 뜻을 품은 사회적기업이라고 해도 알려져야 한다. 그러기 위해서는 무언가를 해야만 한다. 그런 활동이 바로 마케팅이다.

그래도 여전히 마케팅이 필요한가를 고민하는 사회적기업가가 있다면 미국의 평론가 라이어널 트릴링(Lionel Trilling)의 통찰을 들려주고 싶다. 그는 작가나 예술가의 실력과 대중적 인지도 사이의 상관관계를 연구한 끝에 "사회적 신분은 실력에 의해서가 아니라 실력의 표시에 의해서 얻어지는 것이다"라는 결론에 도달했다. 사회적기업도 마찬가지다. 저마다의 사회적기업들이 품고 있는 선한 뜻에 의해서가 아니라 그것을 적극적으로 사회와 시장에 알림으로써 관심과 반응을 불러일으킬 수 있다.

시장에는 이미 유사한 제품이나 서비스가 적잖이 나와 있게 마련이다. 대한민국에 품질 좋은 모자를 만드는 기업이 동천만 있는 것도 아니고, 맛있는 쿠키를 내놓은 곳이 위캔쿠키만 있는 것도 아니다. 그렇기 때문에 사회적기업은 마케팅에 보다 적극적이어야 하고, 홍보와 SNS 활동에 힘써야 한다. 설사 유사한 제품이 없더라도 세상에 알리지 않으면 사람들은 그것이 있는지조차 모를 것이다.

참여하고, 체험하고, 공유하게 하라

그렇다면 성공적인 마케팅을 위해 사회적기업에 필요한 것은 무엇일까? 그것을 알려면 현재의 시장이 어떤 상황에 있고 어떤 변화의 흐름 위에 있는가를 살펴보아야 한다. 사회적기업에 대한 시장의 관심과 환호가 일시적인 것인지, 아니면 시장의 구조적인 변화 때문인지를 파악해야 하기 때문이다.

보통 마케팅을 처음 접하게 되면 가장 먼저 듣게 되는 단어가 마케팅 믹스(marketing mix)인데, Product(제품), Price(가격), Place(유통), Promotion(판매촉진), 즉 '4P'를 말한다. 예전에는 마케팅 활동이 주로 이 4가지 요소를 통해 이루어져 중요한 개념으로 인식되었지만, 요즘에는 별로 언급되지 않는 편이다. 시장에서 질적인 변화가 일어났기 때문이다. 4P를 중시하던 시기를 '마케팅 1.0 시대'로 부르기도 하는데, 이 시대에 마케팅 활동의 중심은 상품이었다. 대량생산과 대량소비라는 산업사회의 전형적인 특징을 보여준다.

그런데 거대하고 단일했던 시장이 정보화 시대에 들어서 복잡한 모습을 보이기 시작했다. 예전 같으면 어딜 가도 잘 팔렸을 제품이 어느 지역에서는 안 팔린다든가, 특정 연령대에게 외면을 받는 등의 일이 나타났다. 기존의 시장이 여러 개의 작은 시장으로 나뉘면서 나타난 현상인데, 이는 소비자들이 구매할 수 있는 상품 종류가 다양해진 때문이었다. 그 결과로 마케팅 1.0 시대의 4P를 대체하여 마케팅 2.0 시대를 대표하는 개념인 'STP(Segmentation, Targeting, Positioning)'가 등장했다. 나누어진 작은 시장들을 놓고 어느 시장을 어떻게 공략할 것인가를 결정해야 했기 때문이다. 기업이 보유하고 있는 자원은 무한하지 않기 때문에 세분화(Segmentation)된 시장 중에서 집중적으로 공략할 몇 개의 표적을 정한(Targeting) 후, 해당 시장의 고객들에게 어떤 상품, 어떤 브랜드로 자리 잡을(Positioning) 것인지가 마케팅의 핵심 요소가 되었다.

나는 착한 기업에서 희망을 본다

'살 테면 사라'는 식의 산업사회 마케팅이 '이러한 차별점이 당신에게 이익이니 구매하시라'는 방식의 정보사회 마케팅으로 변화하면서 마케팅 믹스에도 변화를 가져왔는데, Customer Benefits(소비자 혜택), Cost of Customer(소비자 기회비용), Convenience(편리성), Communication(커뮤니케이션)이 그것이다. 이것을 '4C'라고 부른다. 하지만 여전히 시장에서 주도권을 쥐고 있는 쪽은 소비자가 아니라 생산자, 즉 기업들이었다.

그런데 얼마 전부터 또다시 변화의 흐름이 뚜렷해졌다. 정보사회에서 감성사회로 바뀐 것이다. 감성사회에서는 산업사회에서 정보사회로 변화하면서 이동의 조짐을 보이기 시작한 시장의 주도권이 소비자에게 있다는 점이 보다 확실해졌다. 정보사회에서처럼 기업이 제시하는 차별화된 가격이나 기능 같은 요소들이 소비자들의 선택을 결정하는 요인이 아니게 되었다. 그와 같은 요소들은 이미 상향 평준화되어 소비자들이 체감할 수 있는 차이가 거의 없기 때문이다. 그래서 또 다른 무언가를 제시할 필요가 생겼는데, 이 과정에서 '참여'와 '체험'을 통한 소비자의 '가치' 발견이 마케팅의 중심 요소로 등장하게 되었다. 마케팅 3.0 시대가 열린 것이다. 이에 따라 마케팅믹스 역시 '4C'에서 '4E'로 바뀌게 되었는데, Evangelist(고객전도사), Enthusiasm(열정), Experience(체험), Exchange(교환)로 감성사회의 특징을 단적으로 보여준다. 소비자들이 제품이나 서비스를 체험하고 이야기를 나누는 과정에서 즐거움과 성취감, 보람 등을 느끼고 전달하고 공유할 수 있게 하는 기업과 브랜드가 살아남는 시대가 된 것이다.

이제는 마케팅 활동에서 소비자들의 참여와 상호작용이 무엇보다 중

구분	산업사회(4P) 생산자 중심의 마케팅 커뮤니케이션	정보사회(4C) 소비자 중심의 마케팅 커뮤니케이션	감성사회(4E) 고객전도사가 열정을 갖고 자신의 체험 또는 경험을 교환하여 마케팅 활동
마케팅 전략	Mass Marcom(Mass Marketing & Communication, 대중 마 케팅 커뮤니케이션)	IMC(Integrated Marketing Communication, 통합 마케팅 커뮤니케이션)	Integrated WOM (통합 입소문 마케팅)
사고방식	In-Outside (접촉 수단과 매체를 정하고 나서 생산자로부터 소비자 에게 전달하는 방법)	Out-Inside (소비자로부터 출발하여 소 비자의 정보 욕구를 만족시 키고 구매를 유발시키는 커 뮤니케이션 방식)	In & Outside (소비자의 참여와 상호작용 을 통해 가치를 공유하고 창 출하는 커뮤니케이션)
마케팅 믹스	Product(제품) Price(가격) Place(유통) Promotion(판매촉진)	Customer Benefits (소비자 혜택) Cost of Customer (소비자 기회비용) Convenience(편리성) Communication (커뮤니케이션)	Evangelist(고객전도사) Enthusiasm(열정) Experience(체험) Exchange(교환)

요해졌다. 소비자의 영혼과 가치에 초점을 맞추고, 소비자의 참여를 유
도하고, 소비자와 기업이 상호작용하여 새로운 가치를 창출할 수 있는
마케팅이 각광받는 시대다.

성공의 첫걸음은 첫인상

성공 코드 1

　현실적으로 사회적기업은 마케팅에 많은 자원을 쏟아부을 만한 여력이 없다. 그런데 인력이나 자본의 부족에도 불구하고 시장을 감동시키고 공감을 이끌어내어 고객을 움직이는 사례들을 찾아볼 수 있다. 좋은 마케팅이 투여된 자원과 정비례하는 것만은 아니라는 사실을 명확히 보여주는 사례들로, 살펴보면 그 안에서 뭔가 특별한 것을 발견할 수 있다.

'좋은 뜻'은 좋은 반응을
일으키지 못한다

　　　　　최근 사회적기업 활성화 전남네트워크와 목포경실련이 조사한 결과에 따르면, 사회적기업에 대해 들어보았다는 답변이 41.4%에 달하는 것으로 나타났다. '아직 들어보지 못했다'는 답변이 51%로 더 많기는 하지만, 지난 몇 년 동안 사회적기업 현장에서 열심히 땀 흘린 분들의 노력이 결실을 맺고 있는 과도기라고 볼 수 있다. 여기서 우리가 생각해봐야 할 것이 있다. '사회적기업의 제품을 구입해본 적이 있느냐?'는 질문에 18.1%만이 '있다'고 대답했다는 사실이다. 이는 아직까지 사회적기업의 제품이 일반 대중에게 파고들지 못했음을 알려준다. 소비자들의 '좋은 뜻'에 의해 유통되는 특별한 상품이라는 이미지를 벗지 못하고 있는 것이다. 이를 극복하기 위해 해결해야 할 가장 시급한 과제는 '첫인상'을 어떻게 긍정적으로 만드는가에 있다.

석유 영업을 하던 시절, 한 대리점 대표의 생일잔치에 꽃바구니를 보낸 적이 있다. 적지 않은 돈을 들인 선물이었는데, 나중에 확인해보니 꽃바구니의 포장 상태와 리본에 적힌 축하 문구가 너무 조악해서 받는 분에게 실례가 되었다는 것을 알게 되었다. 사회적기업이 제품의 포장에도 신경을 써야 하는 이유도 여기에 있다. 소비자들이 사회적기업의 제품을 처음 접했을 때 어떤 인상을 갖느냐가 결국 사업의 성패를 좌우하게 된다. 좋은 첫인상이 제품의 포장으로 먼저 전달된다는 점을 기억해야 한다. 2015년 행복나래가 사회적기업들이 만든 제품으로 명절 선물세트를 구성하여 판매했을 때였다. 사회적기업들과 많은 대화를 통해 품질은 물론 포장에도 각별한 신경을 썼다. 덕분에 기대 이상의 좋은 반응을 얻었고, 사회적기업들의 이미지 제고와 판로 개척에도 기여할 수 있었다.

나는 사회적기업가들을 만날 때마다 첫인상을 강조한다. 소비자들의 머릿속에 긍정적인 이미지를 심어줄 수 있는 첫걸음이기 때문이다.

사회적기업들의 마케팅 활동에 좋은
참고가 될 만한 내용이 있다. 임팩트 비즈니스에 관한 국내외 사례들을
소개하는 매거진 〈임팩트 비즈니스 리뷰〉에 실린 '비영리 마케팅 사용
설명서 : 마케팅으로 성공하는 그들에겐 뭔가 특별한 것이 있다'(http://
ibr.kr/540)라는 기사인데, 비영리단체가 어떤 마케팅 활동을 펼치는 것
이 좋은가에 대한 인사이트를 얻을 수 있다. 그중에서도 브랜드의 중요
성을 다룬 부분에 주목할 필요가 있다. 사회적기업이 지속적으로 성장
하기 위해서는 독자적인 경쟁력을 갖춰야 하는데, 무엇보다 브랜드가
결정적이다. 브랜드는 수많은 제품이나 서비스들 가운데서 소비자들에
게 특별한 인상을 심어주는 사업 성패의 열쇠와도 같다. 첫인상도 여기
서 결정된다.

그런 의미에서 채리티 워터(www.charitywater.org)는 모두에게 모범이
될 만한 브랜드다. 브랜드 자체에서 그들이 하고자 하는 일, 즉 사회적
기업의 비즈니스모델을 충분히 짐작할 수 있기 때문이다. 채리티 워터
는 미국에서 가장 인기 있는 비영리조직으로 깨끗한 물을 제공하기 위
해 우물을 만들어주는 활동을 펼치고 있다. 여기까지는 비슷한 사업을
벌이고 있는 다른 비영리조직과 다를 것이 없다. 그런데 채리티 워터를

》》─ 브랜드의 모범을 보여준 채리티 워터

특별하게 만든 성공 요인이 있다. 즐겁고, 희망적이고, 신뢰할 수 있고, 심지어 애정을 부르는 브랜드로 기부자들을 열광시켰다는 점이다. 채리티 워터는 사람들이 기부금이 제대로 쓰이는지 신뢰하지 못해 기부를 꺼린다는 사실을 알고 기부금 100%를 고스란히 우물 파는 활동에 사용했다. 아무리 적은 액수라도 기부금이 어느 지역에서 어떻게 쓰였는지 사진, 동영상, 구글맵스와 같은 도구를 사용하여 기부자들에게 보고하여 신뢰할 수 있게 만들었다. 이뿐만이 아니다. 깨끗한 물을 만나 즐거워하는 이들의 생생한 표정을 카메라에 담아 홈페이지, 페이스북, 핀터레스트, 뉴스레터 등을 통해 적극적으로 홍보했다.

채리티 워터를 만든 스콧 해리슨(Scott Harrison)은 "물이라는 커다란 문제를 해결하기 위해 우리는 멋지고, 영감을 불러일으킬 수 있으면서

나는 착한 기업에서 희망을 본다

투명한 브랜드를 만들어야 했어요. 많은 자선단체는 죄책감을 이용해요. 그러나 그런 죄책감보다는 저는 기회에 대해 먼저 이야기하고 싶습니다. 문제와 그것을 해결하기 위한 솔루션을 명확하게 보여주고, 그 솔루션이 아름다운 방식으로 실현되었을 때 일어날 수 있는 즐거운 변화들을 사람들에게 보여주고 싶어요"라고 말한다.

이 같은 채리티 워터의 사례는 브랜딩을 통해 비영리조직의 활동을 전달하고 설득하는 데 성공할 때 더 강력한 사회적 변화를 만들어낼 수 있다는 교훈을 일깨워준다.

마음의 문을 여는 진정성의 힘

성공 코드 2

    마케팅 3.0 시대의 소비자들은 똑똑하고 퍼뜨리기를 좋아하는 특징이 있다. 따라서 모든 비즈니스 활동에서 진실하고 열린 자세로 책임을 다하는 모습을 보여야 한다. 그런 기업과 브랜드만이 시장의 선택을 받는다. 소비자들의 거센 비난과 반발에 부딪히는 기업들을 보면 거짓말을 하거나 책임을 회피하는 등의 태도로 사람들의 마음을 다치게 하는 경우가 대부분이다.

선양주조가
지역감정을 허문 비결

    소비자와 지역사회에 대한 진실한 마음으로 두텁고 높은 마케팅의 벽을 극복해낸 사례가 있다. 충청도를 대표하는 주류회사 선양주조의 이야기다(현재 이름은 맥키스컴퍼니, 대표 브랜드는 오투린). 우리나라의 소주산업은 전통적으로 지역 색채가 워낙 강해서 각 지역에 기반을 둔 브랜드 외에 다른 브랜드가 끼어들 여지가 별로 없었다. 충청도에서도 선양주조는 지역의 맹주로 막강한 지배력을 행사해왔다. 그러다가 경영권이 넘어가게 되었는데, 문제는 선양주조를 인수한 조웅래 대표가 경상도 출신이라는 점이었다. 이후 충청도에서 선양주조의 시장점유율은 급락하게 되었다.

위기의 상황에서 조 대표는 가격 할인이나 대규모 판촉 같은 기존의 마케팅 방법을 선택하지 않았다. 우리나라 소주산업의 특징을 잘 알고 있던 그는 그와 같은 방법으로는 효과를 보기 어렵다고 판단하고, 지역 소비자들의 마음을 얻을 수 있는 방향으로 해법을 모색했다. 그러던 중 사람들이 많이 찾는 계족산에서 맨발로 산길을 걷는 모습을 보고 '저분들이 편하게 맨발로 걸을 수 있게 해보자'는 생각을 하게 되었고, 바로 사비를 들여 산길에 황토를 깔기 시작했다. 처음에는 '쇼 아닌가?' 하는 의심을 받기도 했지만, 지역 사람들의 건강을 생각하는 조 대표의 진심이 알려지면서 서서히 변화가 찾아왔다. 계족산을 찾는 사람들이 늘어나고 언론에 보도되면서 선양주조에 대한 인식이 바뀌어갔다. 진심이 통한 것이다. 한때 40%까지 떨어졌던 선양주조의 시장점유율도 60%까지 뛰어올랐다. 대성공이었다.

선양주조의 사례는 소비자들의 마음을 얻는 것이 얼마나 중요한지를 아주 잘 말해준다. 그러기 위해서는 무엇보다 진심으로 다가가야 한다. 감성사회의 소비자들은 다양한 채널을 통해 해당 기업이나 제품에 대해 충분히 파악하고 있다. 과거처럼 광고에 현혹되어 구매하는 법도 없다. '우리 제품이 최고다'라는 식의 광고에 오히려 피곤함을 느낀다. 그들의 영혼에 와 닿는 메시지와 행동을 보여주어야 한다. 이 시대의 마케팅을 움직이는 키워드가 '진정성'인 이유도 그 때문이다.

거인들의 틈을 파고든
작은 회사의 성공 비결

진정성 마케팅의 또 다른 가능성은 도저히 파고들어갈 틈이 보이지 않는 쟁쟁한 경쟁자들 사이에서도 성공적으로 자리 잡을 수 있도록 해준다는 점에 있다. 진정성을 무기로 레드오션이 따로 없는 시장에서 승전가를 울린 브랜드가 있다. 미국의 샤펜버거(Scharffen Berger) 초콜릿이다(《DBR》, 2010. 1. 15).

샤펜버거가 진출할 당시 초콜릿 시장은 이미 성숙 단계에 있었다. 허시(Hershey)와 마스(Mars) 그리고 다국적 식품회사 네슬레(Nestle)가 장악하고 있었다. 새로운 초콜릿 브랜드가 이들 거인과 경쟁을 벌이는 것은 계란으로 바위를 치는 것보다 더 무모해 보이는 상황이었다. 이런 시장에 도전장을 내민 겁 없는 브랜드가 바로 미국의 프리미엄 초콜릿 시장을 개척했다는 평가를 받는 샤펜버거다.

샤펜버거의 공동 창업자인 존 샤펜버거(John Scharffenberger)와 로버트 스타인버그(Robert Steinberg)는 유럽에서 맛본 고급 초콜릿이 미국에 없다는 점에 착안, 프리미엄 초콜릿을 선보이기로 결심한다. 당시에 미국의 초콜릿 시장은 허시와 마스, 네슬레에서 나온 파운드당 10달러 이하의 제품들이 차지하고 있었다. 샤펜버거는 이 시장에서 경쟁하는 대신 초고가의 시장을 겨냥하여 원료인 카카오콩을 선별하고 로스팅하고 블렌딩하는 초콜릿 제조의 전 과정을 가내수공업 방식으로 진행했다. 이러한 제조 방식은 시간과 비용이 상당히 소요되었기 때문에 기존의 회사들이 택하지 않고 있었다. 샤펜버거는 일반 소비자들을 대상으로 한 시장이 아니라 새로운 시장, 즉 고급 레스토랑이나 제과점을 공략하는 전략을 택했다. 제품의 종류도 허시나 마스처럼 다양한 형태의 초콜릿이 아니라 바 형태의 다크 초콜릿 위주로 소량만 생산했는데, 창립 6년이 지난 2003년에도 연간생산량이 200톤에 불과했다. 하지만 매출은 850만 달러에 달해 성공적으로 시장에 안착하게 되었다. 그리고 2005년, 샤펜버거가 열어젖힌 고가 프리미엄 초콜릿 시장의 가능성을 확인한 허시가 샤펜버거 연매출액의 5배에 이르는 돈을 지불하고 샤펜

≫— '진짜 초콜릿'을 만드는 샤펜버거

버거 브랜드를 인수하기에 이른다.

샤펜버거의 성공은 '이것이야말로 진짜 초콜릿'이라는 진정성을 시장으로부터 인정받았기 때문이다. 주목할 점은 고집스러울 정도로 가내 수공업 방식의 제조를 고수하고, 광고나 프로모션이 아닌 입소문만으로 고유의 정체성(identity)을 쌓았다는 것이다. 결국 샤펜버거는 특정 대상의 소비자들에게만 제품을 알리는 마케팅 과정을 통해 진정성을 인정받고 정체성을 형성함으로써 시장에서 다른 브랜드들의 침범을 불허하는 강력한 포지셔닝을 갖게 되었다.

진심과 정성을 다한 진정성만큼 시장에서 강력한 무기도 없다. 쉽게 모방할 수도 없다. 그런 면에서 샤펜버거는 우리 사회적기업들이 곱씹어볼 만한 귀한 사례다.

진정성 마케팅의 성공 키워드

어떻게 하면 진정성 마케팅을 성공적으로 수행할 수 있을까? 이에 대해서는 《진정성의 힘(Authenticity : What Consumers Really Want)》이라는 책에 잘 설명되어 있는데, 저자인 제임스 H. 길모어(James H. Gilmore)와 B. 조지프 파인 2세(B. Joseph Pine Ⅱ)는 진정성 마케팅을 위한 구체적인 방향으로 자연성, 독창성, 특별함, 연관성, 영향력의 5가지 키워드를 제시한다.

첫째, 자연성(Naturalness)은 자연스럽고(natural), 가공하지 않은 날 것(raw) 그대로의 상태에 대한 사람들의 욕구가 증가함에 따라 마케팅 활동에서도 이것을 강조해야 한다는 것이다. 제품 포장이나 광고에 '천연 재료를 사용했다'거나 '100% 무첨가' 등의 문구를 사용하는 것은 이런 자연성에 대한 요구를 반영한 결과다. 자연 상태라는 점을 부각시키는 마케팅의 흐름은 앞으로도 지속될 것이 틀림없다. 시장의 주도권을 쥔 소비자들이 제품에 무엇을 추가했는가가 아니라 무엇을 덜어냈는가를 계속해서 중요한 이슈로 삼을 것으로 예상되기 때문이다.

둘째, 독창성(Originality)은 마케팅을 통해 최초 또는 혁신적이라는 이미지를 구축해야 한다는 것이다. 이는 그동안 마케팅에서 자주 언급되어온 '최초의 법칙'이나 '영역의 법칙(새로운 카테고리를 창출하여 그 첫 번째가 되는 것)'과도 일맥상통한다. 실질적으로 스마트폰 시장을 개척한 애플의 아이폰이 여전히 혁신적 브랜드의 이미지를 유지하고 있는 것이 좋은 예다.

셋째, 특별함(Exceptionality)은 말 그대로 다른 제품이나 서비스에서는 찾아볼 수 없는 남다른 특성이나 비범한 부분, 독특한 요소를 강조해야 한다는 것이다. 여기에는 고객의 요구를 아주 특별하게 대우하고 있다거나 고객을 더욱 특별한 존재로 만들기 위해 제품이나 서비스 제공에 시간이 더 걸릴 수 있다는 사실을 알려주는 것도 포함된다. 이와 같이 특별함을 선물하면 고객의 선택을 받게 되는 것은 물론, 다른 경쟁자들에게는 허용되지 않는 것까지 가능해진다. 예를 들어 애플의 고객들은 AS 정책이 불친절함에도 애플에 큰 불만을 제기하지 않는다. 고객들 스스로 애플 제품의 '예외적 특별함'을 인정하기 때문이다. 심지어 일부 열혈 고객들은 애플의 전도사를 자처하기까지 한다. 이처럼 특별함은 마케팅에서 아주 강력한 키워드다.

넷째, 연관성(Reference)은 시간이나 장소, 인물의 아이콘을 연상하게 만들어 매혹적이거나 경외적인 느낌을 강화해야 한다는 것이다. 예를 들어 프랑스 파리의 상징인 에펠탑을 소재로 한 인테리어는 공간의 품격을 높이는 역할을 할 수 있다. 그와 연관된 추억과 소망 등을 이끌어 내기 때문이다. 중요한 것은 실제와 같은 느낌이 들도록 하는 것이다. 어설픈 흉내는 역효과를 불러온다.

다섯째, 영향력(Influence)은 소비를 통한 만족감 외에 또 다른 무언가를 전달할 수 있어야 한다는 것이다. 탐스슈즈를 구매한 고객들이 멋진 신발을 신는 기쁨 외에 가난한 아이들이 맨발로 다니지 않을 수 있게 하는 사회적 프로그램에 동참한다는 보람을 느끼게 되는 것처럼 말이다. 이것이 바로 개인적인 가치 소비를 넘어 사회적인 가치 소비로 연결시키는 고리로 작용한다.

요소	전략
자연성(Naturalness)	가공하지 않은 자연 그대로의 투박함을 강조
독창성(Originality)	자사 제품의 오랜 역사나 사상 최초임을 강조
특별함(Exceptionality)	제품의 공급 속도를 늦추거나 이질성을 가져와 고객에게 차별성을 전달
연관성(Reference)	특정인에 대한 경의, 특별한 장소나 시간을 부각
영향력(Influence)	대의명분과 의미를 홍보하거나 문화예술과 결합

나는 착한 기업에서 희망을 본다

성공적인 진정성 마케팅의 사례들은 사회적기업들에도 시사하는 바가 크다. 하지만 그것을 따라 한다고 성공할 수 있는 것은 아님을 알아야 한다. 진정성 마케팅을 제대로 수행하려면 반드시 유념해야 할 점들이 있다.

첫째, 고객 가치의 핵심 요소인 품질을 지속적으로 유지, 발전시켜나가야 한다.

둘째, 진정성을 일시적인 유행이나 단발성의 이벤트와 같은 차원으로 다루어서는 안 된다. 기업의 공급망과 비용 구조, 품질, 고객관계 등이 일관되게 유지될 수 있을 때 진정성 마케팅이 빛을 발할 수 있다.

셋째, 내부 고객인 구성원들이 진정성 마케팅에 공감하고 동조해야 한다. 그러기 위해서는 마케팅 프로그램부터 함께 만들어야 한다. 경영자와 마케팅 부서에서만 계획하고 검토하는 것이 아니라 전 구성원이 참여하여 충분하고 솔직하게 커뮤니케이션해야 한다. 구성원들 스스로 동화되어야 진정성이 자연스럽게 고객에게 전달될 수 있다.

진정성 마케팅이 다른 마케팅과 다른 점은 소비자의 구매를 통해 마케팅 프로그램이 완성된다는 것이다. 구매가 일어나지 않았다면 진정정 마케팅이 아니거나 실패한 것이다. 고객의 마음을 움직일 수 있어야 진정성이다.

사고 싶게 만드는 '코즈'를 제공하라

성공 코드 3

2006년 여름 아르헨티나를 여행하던 미국 청년 블레이크 마이코스키 (Blake Mycoskie)는 많은 아이들이 맨발로 걸어 다니는 모습을 본다. 그는 아이들이 가난 때문에 신발을 사 신을 수 없다는 사실을 알고는 충격을 받아 맨발의 아이들에게 도움을 줄 수 있는 방법을 찾기로 결심한다. 그리고 기부나 자선 같은 방법이 아니라 자신이 직접 신발을 만들어 가난한 아이들에게 선물하겠다는 아이디어를 떠올리고, 여행 중에 보았던 아르헨티나의 전통 신발인 알파르가타에서 영감을 얻어 편안한 착용감의 고무바닥과 가죽 안창, 심플한 캔버스 어퍼(상피) 디자인의 신발을 구상한다. 탐스슈즈가 탄생하는 순간이다. 이어서 획기적인 마케팅이라 할 만한 원포원(One for One)을 계획한다. 하나를 사면 하나를 더 주는 '1+1 마케팅'은 흔하지만, 탐스슈즈의 마케팅은 구매 고객에게 덤으로 주는 것이 아니라 가난한 아이에게 기부한다는 점에서 참신하고 놀라운 것이었다. 그것은 고객에게 탐스슈즈가 지향하는 사회적 가치에 공감하고 동참할 기회를 제공한다는 의미였다. 고객이 신발 한 켤레를 살 때마다 똑같은 한 켤레를 맨발로 다니는 가난한 아이들에게 기부한다는 탐스슈즈의 마케팅은 금세 사람들의 공감을 불러일으켰고, 탐스슈즈라는 브랜드를 사람들의 머릿속에 각인시키게 되었다.

소비자들은 '보람'을 좋아한다

사람들은 명분(cause)이 있을 때 더 잘 움직인다. 탐스슈즈에 소비자들이 열광한 것도 가난한 아이들에게 신발을 선물한다는 명분 때문이다. 이것이 바로 '코즈 마케팅(cause marketing)'이다.

보통의 기부나 마케팅에서는 그것이 어떤 효과를 가져오는지 알기 어렵다. 불우이웃돕기 성금을 내거나 크리스마스 실(seal)을 구매해도 그 돈이 어떤 이웃에게 쓰이는지, 결핵 퇴치에 어느 정도 도움이 되는지 체감하기 힘든 것처럼 말이다. 그런데 탐스슈즈의 마케팅은 달랐다. 내가 산 신발과 똑같은 신발을 누군가에게 선물할 수 있다는 사실을 알게 해주어 소비의 효과를 확인할 수 있게 했다. 구매 행위에 명분과 보람을 결합시킨 것이다. 이것이 탁월한 전략이라고 말하는 이유는 또 있다. 신발을 사려는 사람이 자신이 선택한 신발이 누군가에게 기부된다는 사실을 알고 있기 때문에 더 예쁘고 비싼 신발을 선택하도록 유도한다는 것이다. 자연 매출이 향상되고, 구매자는 신발을 신고 다니는 동안 '좋은 일을 했다'는 자부심을 느끼게 된다. 그리고 의도했는지는 모르겠지만, 마케팅 메시지를 'One Plus One'이라 하지 않고 'One for One'이라고 표현한 것도 절묘했다. '하나를 사면 하나를 더 준다'보다 '한 사람을 위한 하나'가 훨씬 마음에 와 닿지 않는가.

기꺼이 지갑을 열게 만드는
'소셜 스와이프'

'코즈(cause)'는 신념이나 목표, 이상 또는 미션 등 개인이나 집단이 품고 있는 정신적 가치를 의미한다. 이와 같은 코즈를 바탕으로 사회적 가치를 실현하는 소비 활동을 일으켜 마케팅 목표를 달성하는 것이 코즈 마케팅이다. 일반적으로 영리 기업과 사회적기업, 비영리단체 등의 협업으로 코즈 마케팅이 실행되는데, 영리 기업은 시장에 긍정적인 이미지를 심어주고, 사회적기업과 비영리단체는 후원자나 기부금을 확보하는 것 외에 대중적 인지도를 확산시키는 효과까지 거둘 수 있다. 고객의 소비에 대해 '이왕이면 좋은 일 하는데 돈을 쓰는 게 낫지'라는 명분을 제공하기 때문이다.

사회가 고도화되면서 소비 형태도 복잡다기해지고 있다. 소비자들은 더 이상 싸거나 예쁘다는 이유만으로 지갑을 열지 않는다. 그런 소비자들에게 왜 지갑을 열어도 괜찮은지 그럴듯한 이유를 제시해줄 수 있어야 한다. 이와 같은 코즈 마케팅의 생생한 사례를 소개한다. '왜 우리는 착한 마케팅에 감동하는가'(매일경제, 2015. 3. 25)라는 기사에 나오는 이

나는 착한 기업에서 희망을 본다

≫ 카드 긁기도 사회적으로, 소셜 스와이프

야기다.

공항에 'Feed Them!'이라는 메시지가 적힌 영상판이 서 있다. 화면 중앙의 선을 따라 신용카드를 긁는 순간 스크린 영상이 활성화돼, 손목에 묶인 밧줄이 풀리고, 잘린 빵이 접시에 담긴다. 그리고 '기부해줘서 고맙다'는 메시지가 뜬다. 사람들은 월말에 카드고지서로 2유로가 기부된 것을 알 수 있고, '미제레오르가 감사를 드립니다. 이제 매달 2유로를 기부하세요'라는 우편 메시지를 확인한다.

이 광고는 독일의 자선구호단체 미제레오르(www.misereor.prg)가 만든 소셜 스와이프(Social Swipe, 사회적 카드 긁기)다. 사람들은 자신이 기부한 2유로가 어떤 결과를 낳을지 쉽게 알 수 있었기 때문에 기꺼이 광고 프로그램에 참여하여 카드를 긁었고, 페이스북을 통해 알려지면서 큰 화제를 낳았다. 전화나 팩스를 통한 기부 요청에 대해 사람들이 느꼈던 불만을 충족시켜준 것이 성공 요인이었다. 소셜 스와이프는 사람들의 큰 호응에 힘입어 칸 국제광고제에서 금상을 수상했다.

코즈 마케팅은 1984년 자유의 여신상 보수공사비를 마련하기 위해 아멕스카드가 처음으로 실시한 기부 프로그램으로 시작되었다. 이후 수많은 성공 사례들을 탄생시키며 소비자들의 참여를 통해 기업의 경제적 이익과 공익적 가치를 동시에 추구하는 마케팅 기법으로 자리 잡아 오늘에 이르게 되었다.

나는 착한 기업에서 희망을 본다

스토리는 힘이 세다

성공 코드 4

사회적기업들이 코즈 마케팅만큼이나 관심을 가져야 할 것이 있다. 바로 스토리텔링(storytelling)이다. TV나 신문 같은 대중매체를 통한 광고가 현실적으로 어려운 사회적기업들은 다른 방법을 강구해야만 하는데, 가장 좋은 전략적 선택 중 하나가 바로 스토리텔링이다. 게다가 사회적기업은 사회문제들을 조직의 미션으로 삼아 영리적으로 해결해나가는 존재이므로, 그 과정에서 일어나는 다양한 일들을 이야기화(化)하여 사람들과 공유할 필요가 있다. 스토리만큼 메시지 전달력이 큰 것도 없기 때문이다. 몸값 몇 억짜리 CF모델의 광고보다 하나의 스토리가 일으키는 파급 효과가 훨씬 강력하다는 사실을 알아야 한다.

우리 사회적기업들이 스토리텔링의 중
요성을 인식하여 자신의 이야기를 널리 알리고 다른 기업들의 이야기
를 들으며 도움을 주고받는 자리가 있다. 사회적기업 희망나눔재단이
주최하는 '소셜임팩트 스토리텔링 경연대회'라는 행사인데, 사회적기업
들이 자신의 사회적 미션을 이야기 형식으로 전달하는 TED형 경진대
회다. 2014년 이 대회에 참석했을 때 많은 스토리를 접할 수 있었는데,
그중에서도 일반 가정에서 잠자고 있는 장난감을 모아 필요한 어린이들
에게 나누어줌으로써 자원 활용도를 높이는 '금자동이', 결혼식 등의
각종 행사에 쓰이는 화환들을 쌀화환으로 대체하여 불우이웃을 돕는
'곰이사는마을', 그리고 큰바위문화복지, 에코바이오, 엄품교육, 나누
리, 김포농식품영농조합 등 7개 기업이 보여준 스토리텔링 수준은 상당
히 놀라웠다. 여기서 김포농식품영농조합에서 발표한 내용의 일부를
소개한다.

사회적기업?
너희들은 모르는 회사 이름이지.
이건 개인이 주인이 되어 돈만 벌려고 만든 회사가 아니라
건강한 제품을 만들고 누구나 믿을 수 있는 제품을 정직하게 팔고
번 돈으로 회사만 부자가 되는 게 아니라
도움이 필요한 주변 사람들에게 도움을 주는
우리가 사는 세상을 밝게 만들어주는 회사야.

돈 벌려고 하면서 왜 이런 일을 하느냐고?
너희들이 주인이 되는 미래에는 혼자 잘 먹고 잘 사는 세상이 아니라
모두가 함께 잘 먹고 잘 사는 세상이 되어야 한다는 생각을
우리 아줌마들이 갖고 있기 때문이야.

얘들아 사랑해.
너희들이 건강한 먹거리로 건강하게 자라서
건강한 우리나라를 만들어주렴.

이 세상은 올바른 사람들의 밝은 빛이 더 많은 세상이란다.
그리고 너희들을 사랑하는 건 부모님들뿐이 아니라
같이 숨 쉬는 이 나라의 모든 사람들이란다.

이와 같은 스토리텔링의 효용성은 이미 잘 알려진 사실이다. '마케팅의 아버지'로 불리는 필립 코틀러(Philip Kotler) 미국 켈로그경영대학원 교수는 '마케팅 3.0'이라는 개념을 통해 고객의 영혼을 울릴 수 있는 마케팅 활동이 필요하다면서, 품질과 성능이 상향 평준화된 오늘날에는 상품과 서비스를 소비하는 과정에서 즐거움이나 성취감, 보람 같은 체험적 요소를 제공해야 한다고 강조한다. 그리고 그것은 흥미진진하면서도 의미 있는 스토리를 통해 가능하다. 덴마크의 미래학자로 스토리텔링이라는 개념을 만든 《드림 소사이어티(Dream Society)》의 저자 롤프

옌센(Rolf Jensen)도 "마치 위대한 소설가가 이야기를 상상해내듯 경영의 미래 역시 상상해야 한다"고 말하며, 《초우량 기업의 조건(In Search of Excellence)》의 저자 톰 피터스(Tom Peters) 역시 "스토리가 상품보다 중요하다는 사실을 이해하는 기업만이 살아남는다"고 단언한다.

지구인들을 끊임없이 유혹하는
'작은 성'의 매력은?

개인적으로 스토리텔링의 중요성을 눈으로 확인한 시간이 있었다. 아일랜드 소설가 브램 스토커(Bram Stoker)가 쓴 《드라큘라》의 배경인 루마니아의 '드라큘라의 성(Bran Castle)'을 방문했을 때의 일이다. 세계인들에게 너무도 익숙한 이야기의 무대이니만큼 음산하고 공포스러울 것이라는 생각과 달리, 산 중턱에 있는 자그마한 성에 지나지 않았다.

15세기 루마니아 왈라키아공국에는 오스만투르크 제국의 침략을 물리친 용맹스러운 영주 블라드 체페슈(Vlad Tepes)가 살고 있었다. 그는 용맹한 것 이상으로 잔혹했다. 전쟁포로나 범죄자들을 처형할 때도 긴 꼬챙이를 사용하여 고통스럽게 죽였다. 그래서 그의 이름에 루마니아어로 꼬챙이란 뜻의 체페슈가 붙게 되었다. 그런데 블라드 자신은 드라큘(Dracul, 龍)이라는 작위를 받은 아버지를 무척 자랑스럽게 여겨 '블라드 드라큘'이라고 불렀다.

드라큘라는 블라드 드라큘에서 온 말이다. 루마니아어에서 '누구의

나는 착한 기업에서 희망을 본다

아들'이라는 뜻으로 사용되는 접미사 'a(e)'가 붙어 '블라드 드라큘라'라고 불리다가 드라큘라로 굳어진 것이다. 드라큘라의 유래야 어찌 되었건, 그 작은 성은 매일같이 찾아오는 관광객들로 문전성시를 이룬다. 하루 평균 방문객이 6,000명에 달한다. 그들이 내는 입장료 수입 또한 엄청나다. 1인당 4유로(약 6,000원)씩 하루에 3,600만 원, 1년에 130억 원이 넘는 금액이다. 여느 중소기업 부럽지 않은 규모다.

관광대국도 아닌 루마니아에서, 기대 이하의 작은 성이 놀라운 수입을 올리고 있는 비결이 바로 스토리텔링이다. 1897년 소설이 발표된 후로 지금까지도 끊임없이 세계인들의 사랑을 받으며 영화와 드라마 등 수많은 예술작품의 단골 소재로 쓰이고 있다. 잘 만들어진 스토리의 위력이 얼마나 대단한지를 생생히 보여주는 대표적인 사례다.

어떻게 이야기하면 좋을까?

사회적기업은 스토리텔링 면에서 일반 기업들보다 유리한 위치에 있다. 자신이 추구하는 사업 목적과 사회적 가치를 결합한 의미 있고 재미있는 스토리를 만들어 마케팅에 접목한다면 분명 기대 이상의 좋은 성과가 나타날 것이다.

미국 역사상 가장 위대한 대통령으로 손꼽히는 링컨 대통령은 '설득의 달인'으로도 유명했다고 한다. 어느 날 누군가로부터 "당신은 상대방을 어떻게 설득하는가?"라는 질문을 받고는 이렇게 답했다고 한다.

"다른 사람을 설득하려고 할 때 내가 말하려는 바와 나 자신에 대한 생각을 3분의 1만 하고, 상대방이 말하려는 바와 상대방에 대한 생각을 3분의 2 한다."

사회적기업들도 스토리텔링에서 링컨 대통령이 밝힌 설득의 비밀을 적절히 응용해보기를 바란다. 내가 하고자 하는 말을 상대방이 잘 알아듣고 받아들이도록 설득하는 것은 스토리텔링도 다를 것이 없기 때문이다. "우리가 이렇게 좋은 뜻으로 사회적기업을 운영하고 있습니다" 라고 외치기보다 소비자들의 마음을 움직이고 오래 기억에 남을 만한 스토리를 만들어 전달해야 한다. 그러한 스토리가 당신의 기업을 루마니아의 작은 성이 부럽지 않은 곳으로 만들어줄 것이다.

즐거움을 선물하라

성공 코드 5

사회적기업이 적극적으로 고려할 만한 또 다른 마케팅은 재미와 유머코드를 결합한 '펀(fun) 마케팅'이다. 진정성 마케팅이 고객에게 진심과 함께 감동을 전하는 것이라면, 펀 마케팅은 문자 그대로 기쁨과 즐거움을 선사하는 활동이라고 할 수 있다. 다양한 이벤트와 서비스로 발랄하고 긍정적인 이미지를 심어주어 사회적기업에 대한 인지도를 끌어올리는 것을 목표로 한다.

펀 마케팅은 일반 기업들도 흔히 사용하는 방법으로, 요즘의 소비 트렌드에서 뚜렷이 나타나는 키덜트(Kidult, Kid+Adult)화의 경향으로 더욱 주목받게 되었다. 10대 청소년은 물론 3, 40대의 중장년층이 장난감이나 피규어를 비롯한 아이디어 제품에 큰 관심을 갖고 구매하는 모습을 쉽게 볼 수 있는데, 이와 같은 흐름에 맞추어 관련 웹사이트들이 성장을 거듭하고 있으며, 고객들에게 웃음을 선사하기 위한 기업들의 노력도 더욱 늘어나고 있다.

거부감을 즐거움으로 만든
국순당의 기발한 이벤트

국내에서 펀 마케팅으로 가시적 효과를 본 사례로는 전통주 브랜드인 국순당이 잘 알려져 있다. 잘나가던 효자 상품의 인기 하락을 펀 마케팅으로 극복했기 때문이다. 국순당은 한동안 인기가 치솟던 막걸리의 매출이 웰빙 트렌드의 변화로 답보 상태를 보이기 시작하자 상황을 타개하기 위한 묘책 찾기에 골몰한다. 그러다가 고객들이 거부감을 보이는 막걸리의 고형분을 역으로 이용하기로 방향을 정하고, 구체적인 방법을 고민하다가 새로운 시도를 하게 된다. 출고 후 시간이 지나면 막걸리병 바닥에 가라앉아 굳어지는 고형분을 활용하여 고객들에게 즐거움을 선사할 수 있는 이벤트를 벌이기로 한 것이다. 국순당 판촉팀은 자사의 막걸리를 판매하는 주점들을 직접 찾아가 콘테스트 형식의 이벤트를 열었다. 막걸리를 좋아하는 사람들이 자신만의 노하우로 고형분을 잘 섞어 빨리 따는 '막걸리 빨리 따기, 막걸리 섞기의 달인을 찾아라' 행사를 전격적으로 시행했다. 막걸리의 단점을 재미로 전환시키는 펀 마케팅의 일환이었다. 결과는 성공적이었다. 막걸리병을 따면서 펼쳐지는 의외의 장면들에 사람들은 즐거워했고, 국순당은 애초에 기대했던 것 이상의 효과를 보게 되었다.

나는 착한 기업에서 희망을 본다

고객이 따라 하게 만들어라

국순당처럼 고객들을 직접 찾아가 참여를 유도하는 방법 말고 고객의 자발적 참여를 통해 효과를 거두는 방법도 있다. 대중 취향에 민감한 패스트푸드 업계에서 많이 활용되고 있는데, 글로벌 패스트푸드 브랜드인 맥도날드는 '빅맥송(Big Mac Song)'으로 큰 호응을 얻었다. TV광고를 통해 빅맥송을 알린 후 고객들이 빅맥송을 따라 부르도록 한 것인데, 단순하면서도 흥겨운 노래가 인기를 끌면서 매출 신장에 큰 기여를 했다. 이에 고무된 맥도날드는 '빅맥송 시즌 2'를 진행하여 전국의 매장에서 노래를 끝까지 부른 고객에게 빅맥 단품을 무료로 증정하는 이벤트를 벌여 인기몰이에 성공했다.

맥도날드의 펀 마케팅이 화제가 되면서 경쟁 브랜드인 롯데리아도 만우절 이벤트를 통해 인기 개그맨들을 패러디한 펀 마케팅으로 맞불을 놓았다. 이벤트 포스터가 붙어 있는 매장을 방문한 고객이 카운터 앞에서 〈개그콘서트〉의 개그맨 흉내를 내며 "롯데리아 가면 뭐하겠노~ 소고기로 만든 불고기버거 사묵겠지"라고 외치면 매장 직원들이 "손님 여기서 이러시면 안 됩니다"라고 호응하며 불고기버거를 공짜로 제공하는 행사였다. 좋은 반응을 얻었음은 물론이다.

펀 마케팅은 효과가 크지만, 성공적 실시를 위해서는 주의할 점이 있다. 고객들에게 재미와 웃음을 줄 수 있는 모델이나 콘텐츠를 잘 선정해야 한다는 것이다. 유행어나 인기는 갑자기 생겼다가 사라지는 특징이 있기 때문에 그 흐름을 제대로 포착하여 제때에 적절한 방식으로 진행해야 한다. SNS나 인터넷, TV, 웹툰 등을 눈여겨보다가 자사의 조건에 맞게 변용할 줄 알아야 한다.

　지금까지 사회적기업의 현실에 비추어 생존에 필요한 요소와 성공 조건을 살펴보았다. 어느 것 하나 쉬운 일이 없지만, 사회적기업가가 기업가 정신을 발휘하여 기업 특유의 비즈니스 방식을 경영환경에 맞게 적용한다면 분명 시장의 화답을 이끌어낼 수 있다.

　다시 한 번 강조하지만, 사회적기업은 사회문제를 경제적 수요로 전환하여 사회적 가치를 실현함으로써 우리 사회를 구원할 수 있는 유력한 대안이다. 그런 의미에서 나는 사회적기업의 미래가 밝다고 확신한다. 아침마다 새롭게 떠오르는 해처럼 말이다.

나는 착한 기업에서 희망을 본다

부록

_ 사회적기업들의 플랫폼을 향하여

_ 사회적기업가를 꿈꾸는 당신에게

사회적기업들의 플랫폼을 향하여

행복나래의 탄생과 진화

행복나래의 CEO로 있는 동안 사회적기업과 그 가능성에 대해 많은 분들과 대화를 나누었다. 그런데 그 과정에서 가장 많이 들었던 말이 "어떻게 일반 영리 기업을 사회적기업으로 바꿀 수 있었는가?", "직원들이 순순히 따르던가?", "투자자들은 별말이 없었는가?" 등의 질문이었다. 그때마다 나름대로 성의껏 설명해드렸지만, 그분들이 알고 싶어 했던 부분을 제대로 전달하지 못한 것 같아 마음 한 구석에 풀지 못한 짐을 두고 있는 느낌이었다. '언젠가 기회를 만들어 꼼꼼하게 다시 답변해드려야겠다'는 생각이었는데, 이 책을 통해 풀게 되어 다행이다.

이미 앞에서 부분적으로 설명하기도 했지만, 행복나래의 탄생과 발전 과정은 결코 순탄치 않았다. 적지 않은 오해와 의심이 있었고, 갈등과 의외의 변수가 길을 가로막기도 했다. 하지만 흔들리지 않았다. 사회적기업의 미래를 확신하고 그 가능성을 현실화하는 일의 가치와 의

미를 이해하고 있었기 때문이다. 무엇보다 어려운 시간들을 함께해준 이들이 있었기에 여기까지 올 수 있었다고 생각한다. 모두에게 감사한 마음으로 행복나래의 이야기를 소개한다.

일반 기업 MRO코리아에서
사회적기업 행복나래로

행복나래의 전신인 MRO코리아는 SK 그룹 계열사에 소모성 자재 등의 구매 아웃소싱 서비스를 제공하던 곳으로, 영리사업을 통해 이익을 취하는 일반 기업이었다. 비즈니스모델이나 수익 구조 면에서 비교적 안정적인 상태에 있었다. 그런데 회사를 맡은 지 얼마 안 되어 최태원 회장으로부터 사회적기업으로 전환하라는 지시를 받았다. 막막했다. 사회적기업에 대해 아는 바가 거의 없었고, 직원들 또한 마찬가지였기 때문이다. "사회적기업? 좋은 일 하는 기업이지?"라며 서로의 얼굴만 쳐다보며 난감해했다. 그런 상황에서 도움을 줄 만한 곳도, 청할 곳도 딱히 없었다. 어디서부터 어떻게 시작해야 할지 알 수 없었다.

우리는 일단 급한 대로 사회적기업에 관한 책과 자료들을 모아 집단 학습에 들어갔다. 사회적기업이란 무엇이고, 어떤 특징이 있고, 어떻게 운영해야 하는가를 가급적 빠른 시간 내에 습득해야만 했다. 기존의 영리 기업을 사회적기업으로 전환한 사례를 거의 찾아볼 수 없었지만, '처음이니까 좋은 선례를 만들겠다'는 비장한 각오로 작업에 박차를 가했다.

첫 번째 단계, 주주들을 설득하다

행복나래의 CEO로 취임한 2011년 8월, SK그룹 차원에서 MRO코리아를 사회적기업으로 전환한다는 사실을 대내외에 공표했다. 국내에서 대기업의 계열사를 사회적기업으로 전환하는 것이 최초이기도 했지만, 최태원 회장의 결심이 워낙 커서 보다 중요한 사안으로 다루게 되었다. 여기서 잠시 당시의 사회 분위기를 살펴볼 필요가 있는데, 대기업들의 MRO(Maintenance, Repair, Operation 유지, 보수, 운영) 비즈니스가 주요 이슈로 부상하고 있었다. 제품 생산이나 판매 활동 등에 필요한 물품 등을 공급하는 MRO 비즈니스는 공급사 관리나 구매와 관련한 업무의 비효율성 문제를 개선하는 차원에서 운영되었던 것인데, 사회 일각에서 대기업 오너 일가의 편법적 사업이라는 지적이 계속해서 제기되었다. 편견과 오해가 적잖이 작용한 결과이긴 했지만, 대기업 입장에서는 점점 더 커지는 부정적 여론에 대한 부담을 안고 있었던 것이 사실이다. 이때 전부터 사회적기업에 큰 관심을 보여왔던 최 회장이 MRO코리아를 아예 사회적기업으로 전환하겠다는 마음을 굳히게 된 것이다.

하지만 풀어야 할 문제가 간단치 않았다. 제일 먼저 세계 최대의 MRO기업인 그레인저(Grainger)의 지분을 정리해야 했다. MRO코리아는 그레인저와의 합작투자 형태로 운영되고 있었는데, 사회적기업으로 전환하기 위해서는 당시 49%의 지분을 갖고 있던 그레인저의 동의를 얻어야 했다. 그레인저는 문제없이 잘 운영되는 기업을 사회적기업으로 전환하려는 이유를 이해할 수 없다는 반응이었지만, 우리의 노력으로 좋은 취지에 대한 공감대가 형성되어 보유 지분 전량을 매입하는 것으로 일단락을 지었다. 첫 번째 고비는 그렇게 무사히 넘길 수 있었다.

지분 정리와 더불어 내부적으로 필요한 작업이 또 하나 있었는데, 이사회 구조를 보다 투명하게 바꾸는 것이었다. 그래서 정기주총을 열어 전체 이사 7명 중 4명을 사외이사로 선임했다. 모두가 사회적기업 관련 전문가들이었다. 기업 경영을 투명하게 하겠다는 확고한 의지의 표현이었다.

두 번째 단계, 술렁이는 구성원들의 손을 잡다

그레인저의 지분 매입과 이사회 구조 개편으로 MRO코리아의 사회적기업 전환 작업은 순조롭게 시작되는 듯했지만, 더 큰 난관은 따로 있었다. 회사의 구성원들이었다. 형식과 제도 면에서 영리 기업을 사회적기업으로 바꾸는 것은 업무적으로 처리할 수 있는 부분이지만, 회사의 구성원들에게 일어날 변화는 일괄적으로 해결할 수도 없고 지속적인 관리가 필요한 사안이기 때문이다. 잘 다니던 회사가 갑자기 사회적기업으로 탈바꿈한다는 소식은 MRO코리아의 구성원들을 술렁이게 만들기에 충분한 사건이었다. CEO인 나조차 어리둥절했으니 그들이야 오죽했을까.

사회적기업이 된다는 것은 많은 변화를 수반하는 일이었다. 가장 중요한 것은 마인드의 변화였다. 당장 거래처를 대하는 마음자세부터 바꾸어야 했다. 보다 유리한 조건을 확보하기 위해 협상을 벌여야 하는

나는 착한 기업에서 희망을 본다

상대가 아니라 함께 사회를 더 좋게 만들어가는 파트너로 대해야 했다. 이때 협력사와 작성하는 모든 계약서에서 '갑', '을'이라는 표현을 빼는 조치를 단행했다. 상대가 나를 파트너로 대해주기를 바란다면 나부터 상대를 파트너로 대해야 한다. '남에게 대우받고 싶은 대로 남을 대우하라'는 격언은 사회적기업 경영에서도 고스란히 적용된다. 거기서 파트너 개념이 생기고 파트너십이 발휘될 수 있다. 이를 위해서는 근본적인 마인드의 변화가 필요했다. 기존의 마인드를 새롭게 하고 서로 다른 마인드를 하나로 모을 수 있게 해야 했다. 문제는 구성원들의 마인드가 몇 번의 교육이나 세미나로 쉽게 바뀌지 않는다는 데 있었다.

내가 선택한 방법은 '사회적기업을 직접 체험해보자'는 것이었다. 사회적기업에 대한 지식도 쌓아야겠지만, 보다 중요한 것은 사회적기업가의 마인드를 갖추는 일이라고 판단했다. 그러면 자연스럽게 구성원들이 주인의식을 갖게 될 것이고, 사회적기업으로 거듭나는 데 주도적으로 임하게 될 것이었다. 그래서 모든 구성원들에게 사회적기업에서 일일근무를 할 수 있는 기회를 부여하고, 한 달에 두 번 이상 간담회를 열어 사회적기업으로의 전환 과정에서 겪고 있는 애로사항들을 이야기하고 듣는 자리를 가졌다. 직접 몸으로 경험하고 그 결과를 서로 공유하는 것이 교육 효과가 크다는 사실을 잘 알고 있었기 때문이다. 기록도 중시했다. 일일근무를 마치고 돌아오면 반드시 활동보고서를 작성하도록 했다. 기록하면서 얻는 바가 있기 때문이다.

나는 구성원들의 활동보고서를 보고 일일이 코멘트를 달아 변화 관리를 추진해나갔다. 그리고 매월 첫날 CEO 레터(letter)를 작성하여 사회적기업에 필요한 개념을 심어주기 위해 노력했다. 다행히 노력이 헛되지 않아 사회적기업에 대한 구성원들의 지식과 경험이 쌓여가는 것을 확인할 수 있었다. 내가 그토록 바라던 마인드의 변화도 감지할 수 있었다. 그러면서 나 자신도 사회적기업과 사회적기업가에 대해 보다 전문적이고 체계적인 접근이 필요하다는 생각을 하게 되었다. 그래서 적지 않은 나이에 대학원 사회복지과정에 입학하여 석사학위를 취득하고 박사과정까지 공부하게 되었다.

세 번째 단계, 2차 도전 만에 사회적기업 인증에 성공하다

사람들로부터 간혹 "행복나래는 SK그룹 계열사 아니냐?"는 질문을 받는다. 물론 행복나래는 SK그룹의 계열사가 맞다. 그런데 이름에 'SK'를 사용하지 않는다. 여기엔 이유가 있다. 행복나래라는 사명은 최태원 회장이 직접 지은 것으로, 사회적기업에 대한 확고한 입장을 반영한 것이다. 사회적기업 본연의 목표와 역할에 충실하겠다는 다짐으로 SK를 뺀 것이다. 현실적인 이유도 없지는 않았다. SK라는 브랜드를 사용하면 매년 로열티를 지급해야 하는데, 이 비용까지 아끼겠다는 생각이었다. 한 푼이라도 아끼고 이익을 크게 만들어 사회에 이바지하겠다는 방침이었다. 실제로 행복나래는 설립 이후 지금까지 발생한 매출이익 100%를 무조건 사회에 환원한다는 원칙을 지켜오고 있다. 당연히 주주인 SK그룹 계열사들에는 배당이 돌아가지 않는다. 사회적기업 전환에 임하는 자세가 그만큼 철저했던 것이다.

그러나 안타깝게도 우리의 진심 어린 노력은 원하는 결과를 얻지 못

나는 착한 기업에서 희망을 본다

했다. 외부의 차가운 반응 때문이었다. 이 정도면 사회적기업으로 전환하기 위한 모든 작업이 완료되었다고 판단하고 2012년 고용노동부에 사회적기업 인증신청서를 접수했는데, 그만 실패하고 말았다. '대기업이 사회적기업으로 인정받은 선례가 없다'는 게 이유였다. 납득하기 어려운 이유로 인증을 거부당한 것이다. 짐작컨대, 대기업의 사회적기업 진출에 대한 부정적 여론이 존재하고, MRO사업에 대한 비판적 시각을 돌려놓기 위한 면피성 이벤트라는 의심을 해소하지 못한 탓이었을 것이다. 어쨌거나 쉽지 않았던 노력의 보상을 받지 못했다는 사실에 실망했지만, 우리는 언젠가 행복나래가 훌륭한 사회적기업으로 인정받을 수 있을 것이라는 믿음으로 전진을 멈추지 않았다.

사회적기업 인증에 실패한 후 제일 먼저 착수한 일은 실패 이유에 대한 철저한 분석이었다. 재신청을 위한 준비 작업에 곧바로 돌입한 것이다. 그 과정에서 행복나래의 지배 구조가 문제가 될 수 있다는 사실을 알게 되었다. 이를 해결하지 않으면 다시 신청한다 해도 실패할 가능성이 높아 보였다.

우리는 주주사들을 설득하는 방안을 모색했다. 처음에는 보유 중인 지분을 공익재단 등에 넘기는 방안이 제기되기도 했는데, 100억 원 이상의 증여세가 발생한다고 해서 주주사들이 난색을 표했다. 할 수 없이 SK이노베이션과 SK텔레콤, SK C&C, SK가스, 행복나눔재단과 같은 주주사들을 하나하나 찾아다니며 행복나래의 주주로서 애정과 관심을 갖고 참여하되 배당은 받지 않겠다는 약속을 해달라고 부탁했다. 그렇게 해서 주주사들의 공감을 이끌어내어 이익에 대한 무배당 선언을 할 수 있었다. 일반적으로 사회적기업은 이익의 3분의 1만 배당하도록 정관에 명시해야 하는데, 이를 뛰어넘어 아예 배당을 없앤 것이다. 또 다른 노력도 있었다. 사회적기업 인증을 받게 되면 정부가 3년간 인건비를 지원해주는 규정이 있는데, 행복나래는 정부로부터 인건비 지원을 일절 받지 않기로 결정하고 대외적으로 선언했다. 인건비를 지원받게 되면 결과적으로 정부가 대기업에 인건비까지 지원해준다는 비판을 받을 수 있으므로 사전에 그러한 우려를 불식시키기 위한 조치였다.

1년여에 걸친 우리의 노력이 마침내 빛을 보게 되었다. 2013년 7월, 행복나래가 고용노동부로부터 사회적기업인증서를 받은 것이다. 사회적기업으로 전환하기 위한 확고한 의지와 진정성 있는 실천이 열매를 맺는 순간, 나를 비롯한 행복나래의 모든 구성원들은 서로를 얼싸안고 환호성을 지르며 기쁨을 만끽했다.

네 번째 단계, '사회적기업들의 플랫폼'으로 발돋움하다

사회적기업으로 인증을 받은 후 우리는 행복나래가 어떤 사회적기업이 되어야 하는가를 놓고 내부 논의에 들어갔다. 물론 그전부터 고민해오던 이슈이긴 했지만, 인증 통과가 우선이었기에 구체적인 단계까지는 나아가지 못했던 것이다. 많은 고민과 토론 끝에 우리가 내린 결론은 행복나래를 '사회적기업들의 플랫폼'으로 만들자는 것이었다. 사회적기업들을 위한 사회적기업이 되겠다는 뜻이었다.

그에 따라 사회적기업을 육성하는 일이 행복나래의 최우선 과제로 떠올랐고, 실행 차원에서 판로 개척에 어려움을 겪고 있는 사회적기업들을 도울 수 있는 제도를 마련하게 되었다. MRO코리아 시절부터 취급해오던 물품들 중에서 사회적기업 제품으로 대체 가능한 품목들을 뽑아 구매하기로 했다. 이 제도를 시행한 결과, 2015년 한 해에만 270억 원이 넘는 사회적기업 제품이 행복나래를 통해 거래되는 효과를 거두었다.

행복나래의 노력은 여기서 그치지 않았다. 사회적기업 지원을 위한 아이디어들을 접하고 현장에서 다양한 경로를 통해 사회적기업들과 협업하면서 판로 개척 지원만으로는 사회적기업들의 지속가능성을 담보할 수 없다는 사실을 깨닫고, 장기적으로 효과를 볼 수 있는 다른 형태의 지원을 생각하게 되었다. 10명 이내의 직원을 둔 영세한 규모의 사회적기업이 대다수인 현실을 감안하여 생산시설과 디자인, 포장, 마케팅에 이르는 다각적인 경영 컨설팅을 병행했는데, 이 또한 사회적기업들로부터 즉각적이고도 긍정적인 반응을 얻게 되었다.

사회적기업들의 안정과 성장을 도모하는 아이디어를 발굴하고 제도적으로 실천해나가면서 '행복나래와 손을 잡으면 좋다'는 인식이 조금씩 확산되기 시작했다. 그것은 '사회적기업들의 플랫폼'이라는 당초의 목표가 현실화되고 있다는 방증이기도 했다. 이에 힘입어 행복나래는 사회적기업들에 더 좋은 파트너가 되기 위해 더 많은 노력을 기울이게 되었고, 그러한 노력은 지금도 계속되고 있다.

하지만 행복나래가 모든 사회적기업과 거래관계를 맺는 것은 아니다. 행복나래도 엄연한 기업인 만큼 일정 수준 이상의 품질을 충족시키지 못하는 제품을 거래할 수는 없기 때문이다. 그래서 마련한 나름의 기준이 있다. 행복나래와 손을 잡고 싶어 하는 사회적기업들에 제시하는 일종의 가이드라인이다. 간단히 말하면, 사회적기업가의 마인드와 제품의 품질, 가격 경쟁력, 그리고 희망을 주는 스토리의 유무 등이다.

품질과 가격은 거래의 기본 조건이므로 따로 설명할 필요가 없을 것이다. 그런데 사회적기업가의 마인드를 특별히 선정 기준으로 삼은 데는 그만한 이유가 있다. 사회적기업이 지속가능성을 확보하기 위해서는 이익의 추구와 사회적 가치 실현이라는 목표를 동시에, 계속해서 달성해나가야 하기 때문이다. 각종 지원에만 눈독을 들여 포장만 그럴싸하게 하는 사회적기업가들이 드물지 않은 현실에서 행복나래는 '돈을 많이 벌게 해주는 거래처인가'가 아니라 함께 '사회적 가치의 실현에 동참할 수 있는 상대인가'를 늘 염두에 두고 거래 여부를 결정해왔다. 그래서 나는 사전에 사회적기업가와의 면담을 필수로 해왔다.

희망을 주는 스토리의 유무를 선정 기준에 포함시킨 것 역시 그것이 사회적기업의 경쟁력을 확인할 수 있는 유효한 수단이기 때문이다. 스토리가 있는 기업과 없는 기업은 확연한 차이를 보인다. '우리는 쿠키를 팔기 위해서 장애인을 고용한 것이 아니라 장애인을 고용하기 위해서 쿠키를 굽는다'는 위캔쿠키처럼 사람들의 마음을 울릴 수 있는 스토리를 가진 기업만이 강한 경쟁력으로 사회를 바꾸는 데 기여할 수 있다.

행복나래는 기본적으로 협력업체에 유리한 거래 조건을 준수하고 있지만, 거래처가 사회적기업인 경우에는 추가적인 인센티브를 지급한다. 거래에서 얻은 영업이익의 50%를 일괄 정산하여 되돌려주는 식이다.

반드시 해당 사회적기업의 성장을 위해 사용하도록 하고 그 결과를 확인하는 절차도 마련했다. 이렇게 해서 가능성 있는 사회적기업들이 실질적 성장을 이루면 행복나래 역시 더불어 성장할 것이기 때문이다.

2014년 7월, 행복나래는 정부로부터 사회적기업 육성에 대한 공로를 인정받아 대통령표창을 수상하는 영광을 안았다. 우리 사회적기업들의 성장에 힘입은 결과였다. 또한 사랑, 나눔, 배려라는 가치를 중심으로 한마음이 되어 모든 업무를 주도적으로 수행해준 구성원들과 행복나래의 경영 활동에 기꺼이 동참해준 SK그룹사를 비롯한 관계사들이 있었기에 가능한 일이었다. 그들의 참여와 도움으로 행복나래는 발전을 거듭하여 2015년 2,750억 원여의 매출을 달성했고, 지금은 조 단위 매출을 향한 힘찬 날갯짓을 하고 있다.

나는 MRO코리아의 CEO에 이어 행복나래의 CEO로 1982년 SK에서 시작한 직장생활의 대미를 장식할 수 있게 된 것이 너무도 기쁘고 감사하다. 이제는 누가 행복나래의 역할과 사회적기업의 가능성에 대해 묻는다면 자신 있게 말할 수 있을 것 같다.

"행복나래가 돌려드린 영업이익으로 택시 한 대를 더 구입한 기업도 있고, 기계를 더 들여놓은 거래처도 있습니다."

나는 행복나래와 손잡은 사회적기업들이 머지않아 세계적으로 존경받는 사회적기업으로 우뚝 설 날이 올 거라고 믿는다. 어렵게 장만한 택시 한 대로 시작하여 시장의 강자로 올라선 어느 대기업처럼 말이다. 물론 행복나래도 '사회적기업들의 플랫폼'의 꿈을 실현하게 될 것이다.

사회적기업가를 꿈꾸는 당신에게

사회문제를 문제로만 보지 않고 비즈니스 방식으로 해결하면서 사회적 가치를 실현하려는 분들에게 사회적기업 창업과 관련한 조언을 몇마디 드리고자 한다.

사회문제를 비즈니스 방식으로 풀어나가려면 우선적으로 해당 분야의 전문 지식을 갖추어야 한다. 1만 시간의 법칙에서처럼 확실한 역량을 갖추고 비즈니스모델을 고민해보기 바란다. 단지 정부의 지원 등에 고무되어 시작하려는 생각이라면 포기하는 게 낫다. 사회적기업 창업은 일반 기업보다 어렵고 경영은 훨씬 더 어렵기 때문이다.

사회적기업 인증은 우리나라만이 가지고 있는 독특한 제도다. 비즈니스모델이 확정되면 사회적기업 인증에 필요한 정관을 구비하여 해당지역에 소재한 사회적기업·협동조합 통합지원기관을 방문하여 상담을 받으면 된다. 인증 절차는 다음과 같다(한국사회적기업진흥원 홈페이지

나는 착한 기업에서 희망을 본다

www.socialenterprise.or.kr 참조).

- 인증 계획 공고(고용노동부)
- 상담 및 컨설팅(권역별 지원기관, 진흥원)
- 인증 신청 및 접수(진흥원)
- 신청서류 검토 및 현장실사 계획 수립(진흥원)
- 현장실사(진흥원, 권역별 지원기관)
- 중앙부처 및 광역자치단체 추천(진흥원↔중앙부처, 광역지자체)
- 검토 보고자료 제출(진흥원→고용노동부)
- 인증 심사(고용노동부 사회적기업육성전문위원회)
- 인증 결과 안내 및 인증서 교부(고용노동부, 고용센터, 진흥원)

다음은 사회적기업 인증에 필요한 요건이다.

- 민법에 따른 법인·조합, 상법에 따른 회사, 특별법에 따라 설립된 법인 또는 비영리민간단체 등 대통령령으로 조직 형태를 갖출 것
- 유급 근로자를 고용하여 재화와 서비스의 생산·판매 등 영업 활동을 할 것
- 취약계층에게 사회 서비스 또는 일자리를 제공하거나 지역사회에 공헌함으로써 지역 주민의 삶의 질을 높이는 등 사회적 목적의 실현을 조직의 주된 목적으로 할 것
- 서비스 수혜자, 근로자 등 이해관계자가 참여하는 의사결정 구조

를 갖출 것

- 영업 활동을 통하여 얻는 수입이 노무비의 50% 이상일 것
- 사회적기업육성법 제9조에 따른 사항을 적은 정관이나 규약 등을 갖출 것
- 회계연도별로 배분 가능한 이윤이 발생한 경우에는 이윤의 3분의 2 이상을 사회적 목적을 위하여 사용할 것

위와 같은 인증 요건에 따른 심사 기준도 따로 있는데, 한국사회적기업진흥원 홈페이지에 상세히 소개되어 있다.

영국 런던정치경제대의 졸탄 액스(Zoltan J. Acs) 교수는 "빵을 부풀어 오르게 하는 데는 밀가루나 설탕이 아니라 효모가 필요합니다. 경제를 성장시키는 효모는 무엇인가? 경제 성장의 효모는 앙트레프레너입니다" 라고 설파했다. 앙트레프레너(entrepreneur)는 혁신을 통해 기존의 질서를 파괴하고 새로운 가치를 만들어내는 사람을 일컫는 말로, '창조적 파괴자'라고 할 수 있다. 인류 역사의 결정적 순간마다 존재했던 그들은 새로운 패러다임을 만들고 인류의 삶을 변화시키고, 사회를 부유하게 만들었다.

현재 우리 사회는 온갖 문제들로 몸살을 앓고 있다. 기존의 시각과 방법으로는 해결하기가 어렵다. 전혀 새로운 접근이 필요하다. 그런 면에서 사회적기업가는 앙트레프레너가 되어야 한다. 스스로 창조적 파괴자가 되어 정부도 시장도 해결하지 못하는 과제에 도전할 수 있어야 한

다. 이러한 시대적 요청에 부응할 수 있는 사회적기업가만이 희망을 현실로 만들어 더 좋은 사회를 만드는 주인공이 될 수 있다.

  미래는 '사람을 향하는 기업'의 시대가 될 것이다. 사회적기업의 시대가 될 것이다. 당신이 지금 내딛고 있는 발걸음 하나하나가 사회를 바꾸고 사람을 구하게 될 것이다. 사회적기업가로서 자부심과 용기를 가지고 사람들과 함께 힘과 뜻을 모아 힘차게 전진해나가기를 바란다.

맺는말

세상은 더 좋아질 것이다!

흔히 말하길, 세상에서 일어나는 모든 일은 크게 3가지로 나눌 수 있다고 한다. 첫째가 계획대로 된 일, 그리고 계획대로 안 된 일, 마지막으로 계획도 하지 않았고 되지도 않은 일이다. 계획하지도 않았는데 저절로 성취되는 일은 세상에 없다. 가장 좋은 것은 계획한 대로 되는 일이다. 하지만 세상에는 계획대로 되지 않는 일이 더 많다. 특히 돈 버는 일이 그렇다.

어떤 사람이 오랜 기간 영화사업에 종사하고 있는 한 오너 경영자에게 "소원이 뭡니까?"라고 물었더니 "로또 맞고 싶어요"라고 말하더란다. 돈은 안 되더라도 만들고 싶은 영화가 많고, 함께 일하고 싶은 감독도 배우도 많은데 돈이 모자라 할 수 없는 경우가 많아 로또 맞고 싶다고 했다는 것이다. 사회적기업가들도 비슷한 심정일 것이다.

사회적기업에 대한 인식이 확산되었다고는 하나 아직도 "사회적기업요? 돈을 벌기는 하나요?"라고 되묻거나 "그게 되기는 하겠어요?"라며 비아냥거리듯 말하는 사람들이 있다. 그들의 말이 실제와는 다르지만, 사회적기업의 현실이 어렵다는 것은 부정할 수 없는 사실이다.

전에 한 지방자치단체의 고위 인사와 이야기를 나누다가 사회적기업을 경영하는 것이 두 마리 토끼를 잡는 것과 같다고 말한 적이 있다. 그런데 고백하자면 그 말은 진실이 아니다. 왜냐하면 훨씬 더 어렵기 때문이다. 사회적 가치와 경제적 가치라는 두 마리 토끼를 잡아야 할 뿐만 아니라 둘 사이의 균형을 적절히 유지할 수 있을 때 지속가능성을 담보할 수 있기 때문이다. 사회적기업가의 덕목으로 공감 능력과 기업가 정신 외에 열정과 소신을 강조하는 이유가 여기에 있다.

사회적기업을 경영한다는 것은 마라톤 풀코스를 완주하는 것 이상으로 힘들고 어렵지만, 그만큼 위대한 여정이기도 하다. 하지만 혼자만의 힘으로는 성공할 수 없다. 아이디어와 열정을 바탕으로 함께 만들어가야 성공할 수 있다. '빨리 가려면 혼자 가고, 멀리 가려면 함께 가라'는 아프리카 속담처럼 선한 의도를 가진 사람들이 조금씩 앞으로 내딛는 작은 발걸음들이 모여 사회적기업들의 건전한 생태계를 이룰 때 성장의 길을 닦을 수 있고 이 세상을 조금 더 좋은 곳으로 만들 수 있다.

모쪼록 행복나래의 CEO로서 사회적기업들과 함께 쌓아온 나의 소중한 경험을 담은 이 책이 오늘도 현장에서 다양한 문제로 속을 태우고 있을지 모르는 사회적기업가들과 사회적기업을 향한 꿈을 간직한 사람들에게 작으나마 도움이 되기를 바라는 마음이다. 쉽지 않은 길이지만 그만큼 나와 우리가 살고 있는 사회가 조금 더 좋은 곳으로 변화하는 데 기여한다는 믿음과 보람을 가지고 한 걸음 한 걸음 전진하는 사회적기업가들이 더 많이 나오기를 간절히 바란다.

나는 확신한다. 사회적기업들이 내딛는 발걸음이 우리의 현실을 '계획된 일'로 바꾸어가고 있다고. 그래서 말한다.

"해봅시다. 함께!"